池上彰の「天皇とは何ですか？」

池上彰

PHP

池上彰の「天皇とは何ですか？」

はじめに
なぜ天皇と皇室について知る必要があるのか

「生前退位」の報せをきっかけに「天皇のお務め」を考える

二〇一六年七月十三日、NHKの「ニュース7」は、番組冒頭で、天皇陛下が天皇の位を生前に皇太子に譲りたいという意向を宮内庁関係者に示されている、というスクープを報じました。

このスクープの後を追うかたちで、翌日の新聞各紙も「生前退位」を大きな見出しとともに報じています。皇后陛下は、この「生前退位」という見出しを見て、大きな衝撃を感じられたそうです。

二〇一六年十月二十日、宮内記者会での質問に対して「新聞の一面に『生前退位』という大きな活字を見た時の衝撃は大きなものでした。それまで私は、歴史の書物の中でもこうした表現に接したことが一度もなかったので、一瞬驚きと共に痛みを覚えたのかもしれません。私の感じ過ぎであったかもしれません」と回答を寄せています。

そのため、それ以降は、マスコミ各社は「生前退位」という表現を使わないようになり、「譲位」という言葉を使うようになりました。

二〇一六年八月八日、宮内庁は「象徴としてのお務めについての天皇陛下のおことば」と題したビデオメッセージを発表しました。私たちの多くは、その内容を見たり読んだりして、天皇陛下のお務めの負担の大きさにあらためて気付かされました。

確かにこれまでも、天皇陛下と皇后陛下が被災地を慰問されるお姿は何度となく報道されました。ご高齢の身であることを考えれば、大きなご負担がかかっていることはなんとなくわかっていた。でも、そういった務めが果たせなくなりそうだから、もう譲位をしたほうがいいというお気持ちを表明されたことで、私たちもあらためて「天皇のお務め」を考えるきっかけをもらったのです。

天皇は「日本国民統合の象徴」って、どういうこと？

あなたも、学校の授業で日本国憲法について教わりましたよね。憲法には、「天皇は、日本国の象徴であり日本国民統合の象徴」である、と記されています。でも、「日本国民統合の象徴」とはどういうことなのか？　私は子供の頃、よくわかりませんでした。「象徴」とは具体的にどういうことなんだろうか。憲法の字面だけを眺めていても、よくわかりません。

私自身が「そういうことだったのか」と深く納得したのは、東日本大震災の直後、二〇一一年三月十六日に宮内庁が発表したビデオメッセージ「東北地方太平洋沖地震に関する天皇陛下のおことば」を見たときです。その一節を抜き出してみましょう。

「現在、国を挙げての救援活動が進められていますが、厳しい寒さの中で、多くの人々が、食糧、飲料水、燃料などの不足により、極めて苦しい避難生活を余儀なくされています。その速やかな救済のために全力を挙げることにより、被災者の状況が少しでも好転し、人々の復興への希望につながっていくことを心から願わずにはいられません。そして、何にも増して、この大災害を生き抜き、被災者としての自らを励ましつつ、これからの日々を生きようとしている人々の雄々しさに深く胸を打たれています」

このビデオメッセージは、天皇陛下ご本人の強いご希望で出されたといいます。ここで語られているように、東日本大震災直後は、日本中の人々が衝撃を受け、大勢の人が嘆き悲しんでいました。

そういう状況の真っ只中で、天皇陛下が国民に「復興への希望」を呼びかけられている。苦難をみんなで分かち合い、希望を捨てずに復興の道のりを歩もうと語られている。それを見て、「ああ、これが天皇の役割なんだ。象徴ということなんだ」ということが直感的にわかりました。

天皇や皇室について知ることは日本がどういう国か考えること

でも、私たちは天皇や皇室について、まだまだ知らないことが数多くあります。憲法の中で、天皇のお務めはどのように規定されているのか。海外の王室と比べて、どこが似ていてどこが違うのか。さまざまな時代で、天皇はどういう存在だったのか。

このように、天皇や皇室について知ることは、憲法や政治のあり方、日本の国柄や歴史を考えることでもあるのです。

一九八九年一月七日に昭和天皇が亡くなり、一九八九年一月九日に今上《きんじょう》天皇が即位されたとき、お言葉を述べられました。それは次のように始まります。

「大行《たいこう》天皇の崩御は、誠に哀痛の極みでありますが、日本国憲法及び皇室典範《てんぱん》の定めるところにより、ここに、皇位を継承しました」

私は、「日本国憲法及び皇室典範の定めるところにより」という一節を聞いて、なぜか衝撃を受けました。当たり前といえば当たり前ですが、びっくりしたのです。天皇陛下自身が、現在の日本国憲法に基づいて、天皇になったことを宣言している。憲法に対して、大変自覚的であることが伝わってきました。

それ以降も、ことあるごとに、天皇陛下は日本国憲法について繰り返し語られています。

つまり、天皇陛下ご自身が、憲法の下《もと》での天皇のあり方をずっと考え続けてこられた。考え続けられただけでなく、被災地のご訪問や慰霊の旅などを通じて、実践もされてきたのです。

二〇一九年四月三十日に今上天皇は退位され、平成の時代が終わり、新しい天皇が即位されます。また、政治の世界では、憲法改正についての議論も行われています。

こうしたことをきっかけに、私たちもあらためて、天皇や皇室のあり方を考える必要があるでしょう。天皇や皇室について考えることは、私たちが暮らしている日本という国がどういう国なのかということを考えることにほかなりません。

平成三十年六月

ジャーナリスト・名城大学教授　池上彰

装丁　寄藤文平＋吉田考宏（文平銀座）
著者撮影（帯）　宮下マキ
編集協力　斎藤哲也
協力　フジテレビジョン／BS フジ

目次

池上彰の「天皇とは何ですか？」

第二章　知っておきたい日本の皇室

第三章　歴史の中の天皇

第四章　天皇と皇室の仕事

第五章　生前退位と皇室の未来

第一章 憲法の中の天皇

現在の日本国憲法では「日本国民統合の象徴」とされる天皇ですが、改正前の明治憲法では、天皇に絶対的な権力を認めていました。

憲法における天皇がどのように変化してきたのか、「象徴」の意味とは何か、考えてみましょう。

天皇がトップに立った
大日本帝国憲法ができるまで

天皇とはどのような存在なのか。さまざまな説明の仕方があると思います。この章では、憲法や法律の中で、天皇のあり方がどのように定められているかを見ていきましょう。

まず、日本国憲法の前に、明治憲法における天皇から確認しましょう。

明治憲法の正式な名前は「大日本帝国憲法」です。一八八九年に公布し、翌九〇年に施行されました。

二〇一八年は明治維新（江戸幕府の崩壊から新政府の成立と、それに伴う政治的・経済的・社会的革命の総称）からちょうど満百五十年にあたる年です。

一八六七年に、一五代将軍の徳川慶喜《とくがわよしのぶ》が政権を朝廷に返し、六八年には明治天皇の名の下で、江戸幕府を廃止し、天皇を中心とする新政府の樹立を宣言した「王政復古の大号令」が出されました。これからは徳川将軍に代わって、天皇が政治を行うことを宣言したわけですね。一八七一年には、政府の機能がすべて京都から東京に移されました。

新しい政治体制を整え、憲法を制定することは、江戸時代末期に欧米諸国と結んだ不平等条約によって、日本が欧米の植民地にされることを恐れ、「日本は独立した法治国家である」と世界にアピールするためにも急務だったのです。

明治維新から大日本帝国憲法の成立まで、約二十年かかっています。その間に、板垣退助《いたがきたいすけ》が主導した政治、社会における自由主義運動の「自由民権運動」が起こり、政府に対して国民の声を反映させる議会（国会）を開くことを要求する運動が盛り上がります。さらに、国会を開設するなら、どのような国会にするかを定めた憲法が必要だということになりました。

このような民主主義を求める人々の声に押されて、明治政府は国会の開設を約束し、憲法をつくる準備を進めることになりました。また当時は、憲法を持つことで初めて、近代国家として欧米諸国の仲間入りができるという考えもありました。

政府は憲法をつくるにあたって、外国の憲法を参考にするため、伊藤博文《いとうひろぶみ》をヨーロッパに派遣しました。伊藤は、特に国王を中心とした君主制に基づいた政治を行っていたドイツ帝国の盟主であるプロイセン王国（現在のドイツとポーランド西部など）の憲法を勉強して帰国し、一八八五年、初代の総理大臣に就任します。

それから、伊藤が中心になって憲法の草案づくりが始まり、一八八九年に、大日本帝国憲法が発布されました。

明治憲法は、「欽定《きんてい》憲法」と呼ばれます。国民自らがつくったものではなく、国王や国家元首などがつくった憲法のことです。

つまり、明治憲法は天皇の命令で草案がつくられ、国民に対して「私はこのような国をつくっていく」ということを宣言する内容になっています。そこには国民の意見は反映されていません。トップに立つのは当然、明治天皇です。

明治憲法の中での天皇の地位とは

明治憲法は、天皇と政府にとても強い力が与えられ、国民は「臣民」として、天皇に保護される部下の扱いでした。

では、明治憲法の中で天皇の地位はどのように定められているのでしょうか。明治憲法の第一章「天皇」には、次のように書かれています。

第一条　大日本帝国ハ万世一系ノ天皇之ヲ統治ス

（**大日本帝国は、永遠に変わることなく続いてきた天皇が統治する**）

第三条　天皇ハ神聖ニシテ侵スヘカラス

（天皇は神聖な存在で、その権限を侵したり、失礼なことをしたりしてはいけない）

このように見ると、「国民主権」の考え方はなく、天皇は主権者として絶大な力を持っているように見えますね。しかし、天皇が好き勝手にできるようにはなっていません。なぜなら、第四条に「天皇ハ国ノ元首ニシテ統治権ヲ総攬《そうらん》シ此ノ憲法ノ条規ニ依リ之ヲ行フ（天皇は国家元首であり、国のすべての仕事を行うことができる。ただし、その場合は、この憲法の条文に基づいて行う）」とあるからです。

つまり、天皇といえども、憲法に定められた条文に基づいて、国の仕事を行うことが決められているのです。

このように、国家権力を制限する憲法に基づいて政治を行うことを「立憲主義」といいます。また、その中でも君主の権力が憲法により制限されている場合は、「立憲君主制」と呼びます。ということは、明治憲法でも立憲君主制を採用しているのですね。君主制とは、天皇や国王が世襲で皇位・王位につく制度です。

このことは、第九条を読むとはっきりとわかります。

第九条　天皇ハ法律ヲ執行スル為ニ又ハ公共ノ安寧秩序ヲ保持シ及臣民ノ幸福ヲ増進スル為ニ必要ナル命令ヲ発シ又ハ発セシム但シ命令ヲ以テ法律ヲ変更スルコトヲ得ス

（天皇は、法律を執行するために、または、公共の安寧秩序を保持し、臣民の幸福を増進するために必要な命令を出すことができるが、命令で法律を変えることはできない）

ではなぜ、明治憲法は立憲君主制を採用したのでしょうか。実は、憲法をつくる過程ではすんなりとは決まりませんでした。天皇は絶対的な権力があるのだから、憲法で天皇の権力を制限するのはけしからん、という意見も出ました。

しかし伊藤博文は、先進国では立憲主義を採用しているのです、と押し通したのです。その趣旨を述べた文章を、現代語に訳して紹介しましょう。

〈憲法を創設する精神は、第一に君権（天皇の権利）を制限し、第二に臣民（天皇のもとの国民）の権利を保護することである。もし憲法に臣民の権利を書かず、責任のみを書くのであれば、憲法を設ける必要はない。いかなる国でも臣民の権利を保護せず、君主の権限を制限しなければ、臣民には無限の責任があり、君主には無限の権力があることになってしまう。これは「君主専制国」である。君主の権力を制限し、臣民にはどんな義務と権利があるかを憲法に明記して初めて憲法の骨子が備わるのだ〉

（『枢密院《すうみついん》会議筆記・一、憲法草案・明治二十一年自六月十八日至七月十三日』を元に現代文に意訳。枢密院は明治憲法草案審議のため設置された最高諮問《しもん》機関）

けっこう意外ですよね。学校の授業では、明治憲法は、天皇主権で国民の権利が制限されていたと習った人も多いと思います。それはその通りなのですが、その一方で、権力者の力を制限するのが近代国家の憲法だと伊藤博文は説いているのです。

「立憲君主制」を強く意識していた昭和天皇

では、実際はどうだったでしょうか。明治天皇はかなり強権を振るいました。また、明治憲法の第十一条「天皇ハ陸海軍ヲ統帥《とうすい》ス（天皇が陸海軍の指揮命令を行う）」という条文を軍隊が悪用し、「軍隊を批判することは天皇を批判すること」とし、軍隊を批判することができないようにしました。それが、やがて戦争へと向かっていくことになるのです。

その後、一九一二年に即位した大正天皇は、健康上の問題から在位の期間も短く、大きな力を振るうことはできませんでした。一九二六年に即位した昭和天皇は、戦前であっても、立憲主義をかなり意識していたといわれています。

自分はあくまで立憲主義に基づいた国家元首であると考え、選挙で選ばれた議会の決定に対して「これをやってはいけない」とか「こうやるべきだ」とかいうことを、極力口を挟まないようにしようとしていたのです。

ただし、一九三六年の二・二六事件（国家改造を目指す陸軍の青年将校が中心となってクーデターを起こした事件）が起きたときには、昭和天皇が激怒して「私が近衛師団を率いて抑える」と言いました。しかし、やはりこれは例外的なことだったと思います。

アジア・太平洋戦争（一九四一〜一九四五年に、日本とアメリカ、イギリス、中国など連合国軍との間で行われた戦争）が始まるときにも、昭和天皇の本心としては戦争には反対でした。ですから、開戦を決定した一九四一年九月六日の御前会議（明治憲法の下、天皇も出席して重要な国策について決定する会議）で、「よもの海みなはらからと思ふ世になど波風のたちさわぐらむ」と、明治天皇の歌を詠んでいます。

この歌には、明らかに戦争をしてほしくないという意味が込められています。でも、立憲主義に基づいた天皇である以上、政府の決定に口出ししてはいけない。そういうブレーキを自分でかけていたため、思いを歌に託すのが精一杯だったのでしょう。

が、政府も軍部も戦争を終わらせることがなかなかできない。そこで最終的に一九四五年八月十四日の御前会議で、当時の鈴木貫太郎首相から要請を受けるかたちで、昭和天皇が終戦の裁断を下したのです。

昭和天皇とマッカーサーの会見で話されたこと

一九四五年八月十五日。アジア・太平洋戦争を戦ってきた日本は「ポツダム宣言」を受け入れて連合国に降伏し、戦争が終わりました。

日本が降伏すると、アメリカ軍を中心にした連合国軍が日本を占領し、ダグラス・マッカーサー連合国軍最高司令官が日本にやってきます。実は、このマッカーサーは、日本に来て約一カ月後に昭和天皇と会見し、それ以降も何度も話し合いを重ねるのです。

最初の会見で大きなテーマになったのは、天皇の戦争責任そして天皇制の維持についてでした。

この会見で、昭和天皇はマッカーサーに次のように語ったとされています。

〈この戦争については、自分としては極力これを避けたい考えでありましたが、戦争となるの結果を見ましたことは自分の最も遺憾とするところであります〉

（外務省のホームページより）

マッカーサーも自身の『回想記』の中で、この会見について綴っています。『回想記』によると、昭和天皇は「私は、国民が戦争遂行にあたって政治、軍事両面で行ったすべての決定と行動に対する全責任を負う者として、私自身をあなたの代表する諸国の裁決にゆだねるため、おたずねした」（『マッカーサー大戦回顧録』中公文庫）と語ったといいます。

そして、それを聞いたマッカーサーは、次のように自分が受けた感動を記しています。

米国大使館にダグラス・マッカーサー連合国軍最高司令官を訪問された昭和天皇

1945年9月27日　ⓒ時事

〈私は大きい感動にゆすぶられた。死をともなうほどの責任、それも私の知り尽している諸事実に照らして、明らかに天皇に帰すべきではない責任を引受けようとする、この勇気に満ちた態度は、私の骨の髄までもゆり動かした。私はその瞬間、私の前にいる天皇が、個人の資格においても日本の最上の紳士であることを感じとったのである〉

（ダグラス・マッカーサー著　津島一夫訳『マッカーサー大戦回顧録』中公文庫）

当時のアメリカの世論調査を見ると、大半のアメリカ人は、天皇に戦争責任があると考えていました。また、連合国の中にも、天皇は戦争犯罪人として処罰すべきだという主張を持っている国もありました。

これに対してマッカーサーは、天皇を戦犯として処罰すると、日本国民の反発が激しくなり、戦後の日本を統治するのが困難になると考え、天皇の責任は問わない方針を決めました。マッカーサーはアメリカや連合国の世論に従わず、天皇を戦犯リストに加えなかったのです。

昭和天皇の人間宣言と憲法の改正

こうして天皇は、戦争犯罪人として裁かれることはなくなりました。とはいえ、マッカーサーとしては、戦前のような天皇の神格化は否定しなければならない。日本政府は存続しますが、ＧＨＱ（連合国軍最高司令官総司令部）の下で憲法改正を始めとする改革を進めていきます。

その意向を半ば受けるかたちで、一九四六年一月に、昭和天皇自身が「おことば」を表明します。いわゆる「天皇の人間宣言」と呼ばれる文書です。これは正確にいうと、一月一日に官報によって発布された昭和天皇の詔書《しょうしょ》で、「新日本建設に関する詔書」と呼ばれるものです。天皇が国民に向かって、これからの日本の復興についての考えを述べる。その中で「人間宣言」をするわけですね。その核心部分を取り出してみましょう。

「朕ト爾等国民トノ間ノ紐帯《ちゅうたい》ハ、終始相互ノ信頼ト敬愛トニ依リテ結バレ、単ナル神話ト伝説トニ依リテ生ゼルモノニ非ズ。天皇ヲ以テ現御神《あきつみかみ》トシ、且日本国民ヲ以テ他ノ民族ニ優越セル民族ニシテ、延《ひい》テ世界ヲ支配スベキ運命ヲ有ストノ架空ナル観念ニ基クモノニモ非ズ。

（私と皆さん国民との間の絆は、いつも相互の信頼と敬愛によって結ばれているのであって、神話や伝説に基づくものではありません。天皇を現人神《あらひとがみ》とし、日本国民は他の民族より優秀な民族だから、世界を支配しなければならない運命を持っているという架空の観念に基づくものでもありません）」

こうして、天皇自身が現人神であることを否定して、人間であることを宣言しました。それと並行して、マッカーサーは、天皇に絶対的な権力を認めていた大日本帝国憲法（明治憲法）の改正を求めます。

この求めに応じて、当時の幣原《しではら》喜重郎《きじゅうろう》内閣は、「憲法問題調査委員会」をつくり、明治憲法をどのように改正するか、さまざまな検討を開始しました。

しかし、憲法問題調査委員会は、天皇が絶対的な権限を持っていた明治憲法の基本を変えるつもりはなかったのですね。委員会が出した案を見ると、そのことがよくわかります。明治憲法で「天皇ハ神聖ニシテ侵スヘカラス」となっていた部分が、「天皇ハ至尊ニシテ侵スヘカラス」と言い換える程度のものでした。また、「天皇ハ陸海軍ヲ統帥ス」という部分は、「天皇ハ軍ヲ統帥ス」と「陸海」を外すだけ。天皇が日本の軍隊を命令する力を持つことは、なんら変わっていません。

国民のことも、「臣民」（天皇の忠実な部下）という表現のまま残すつもりでした。案の中には、「臣民は、法律によらなければ自由と権利を侵されることはない」という意味の条文もありました。

持ってまわった言い方ですが、逆にいえば、法律によっては、自由と権利を侵されることがある、つまり、国民の自由や権利を侵す法律をつくることを認めようとしていたのです。

毎日新聞のスクープによって憲法の草案が変わった

ちょうど昭和天皇の人間宣言から一カ月が経った一九四六年二月一日に、毎日新聞が「憲法改正政府試案」をスクープしました。憲法改正の調査研究を目的とした憲法問題調査委員会が検討していた案をすっぱ抜いたのですね。同委員会の案が、天皇を君主とし統治権も持つという内容になっている。これでは、明治憲法と内容的に大差がありません。

毎日新聞がスクープした案は、正式なものではなく、一人の委員が独自にまとめたものでしたが、正式な案と大きな違いはありませんでした。このスクープによって、憲法草案づくりの流れは大きく変わっていくのです。

ここでも、キーパーソンはマッカーサーです。彼は、毎日新聞のスクープ記事の翻訳を読んで激怒しました。民主的な憲法をつくるように日本に求めていたのに、日本側の案は、明治憲法と同様に、天皇の統治権を認め、国民主権や基本的人権、平和主義などの原則が入っていなかったからです。

激怒したマッカーサーは、アメリカが草案を示し、それに基づいて日本側に改正案をつくらせようと考えました。マッカーサーはGHQのスタッフに、必ず入れてほしい三つの条件、いわゆる「マッカーサー三原則」を示して、草案をつくらせます。その三つとは次のようなものでした。

1　天皇は国家元首である。皇位は世襲される。天皇の職務及び機能は憲法に基づいて行われ、国民の基本的意思に対して責任を負う。

2　日本は紛争を解決する手段としての戦争ばかりでなく、自国を守るための戦争も放棄する。陸海空軍は持たず、交戦権が与えられることもない。

3　封建制度は廃止する。皇室を除き、華族は一代限りとする。予算は英国の制度を手本とする。

日本国憲法は、これら三つの条件を満たす内容でなければならない、ということですね。マッカーサーは、憲法でも、天皇の存在を認めるべきだと考えました。そして天皇制に反対する国々の主張が強くなる前に、天皇の存在を書き込んだ日本国憲法を早くつくってしまいたいという意向もありました。

アメリカ占領軍の草案を元に日本国憲法ができるまで

一九四六年二月三日、マッカーサーは、日本の民主化対策を担ったGHQの中枢部局である民政局に命じて、日本国憲法草案の作成にとりかからせました。民政局は翌日から作業を開始しましたが、与えられた時間はたったの九日間です。二月十三日に日本側に草案を示すまで、GHQが草案をつくっていることも秘密にしていました。

憲法草案をつくる過程では、マッカーサー三原則の「自国を守るための戦争も放棄する」は削除されました。どの国にも、自分の国を守る自衛権は持っているため、自衛の戦争まで放棄するのは非現実的だと考えたからです。

実は、このアメリカ側の草案づくりには、日本のさまざまな政党や学者グループがつくっていた憲法改正案も大いに参考にしていました。

こうして、突貫工事でつくられた日本国憲法のアメリカ側草案は、一九四六年二月十三日、マッカーサーに提出されました。これにマッカーサーが手を入れ、最終案が完成したのです。アメリカ側から草案を渡された日本側代表は、言葉を失いました。そもそも、アメリカ側から草案を示されることは想定外のことだったからです。しかも、「天皇は象徴」「国民主権」など、まったく考えも及ばなかった内容が盛り込まれていました。

しかし、日本は敗戦国ですから、アメリカ側の草案を頭ごなしに拒否することはできません。結局、この草案を日本側が手直ししたものを双方が集まって検討して、正式な憲法草案がまとめられました。

こうした過程を経て、現在の日本国憲法は完成したのです。

天皇の地位が大きく変化した日本国憲法

一九四六年十一月三日に日本国憲法が公布され、翌四七年五月三日から施行されることになりました。

日本国憲法を見ると、最初に前文があり、第一章は「天皇」から始まります。「あれっ？新しい憲法なのに、明治憲法と同じように最初が天皇についての条文なの？」と思う人もいるかもしれません。

その理由は、先述したように、今の憲法が明治憲法の改正として制定されたからです。明治憲法は天皇の地位から条文が始まっています。そのため、明治憲法の改正である日本国憲法も、同じように天皇に関する条文から始まっているのです。

では、第一条を読んでみましょう。

第一条　天皇は、日本国の象徴であり日本国民統合の象徴であつて、この地位は、主権の存する日本国民の総意に基く。

明治憲法と日本国憲法では、天皇の地位が大きく変化しています。明治憲法では、「天皇ハ神聖ニシテ侵スヘカラス」とあり、天皇の存在は、神聖にして絶対不可侵《ふかしん》のものでした。なぜなら、天皇は万世一系の現人神であって、天照大神《あまてらすおおみかみ》の意思に基づいて日本を治めることとされていたからです。

それに対して日本国憲法では、天皇の地位は、神の子孫だからではなく、「日本国民の総意」に基づくものだと定められています。つまり国民みんなが支持しているから、天皇という地位にいるということです。

この変化の背景には、アメリカ側がつくった憲法草案があることはすでに説明しました。この条文で、一番難しいのは「象徴」の意味です。天皇が日本国と日本国民の「象徴」であるとは、どういうことでしょうか。

一九四七年に、当時の文部省が発行した『あたらしい憲法のはなし』という教科書では、こういうふうに説明されています。

〈憲法は、天皇陛下を、『象徴』としてゆくことにきめました。みなさんは、この象徴ということを、はっきり知らなければなりません。日の丸の國旗を見れば、日本の國をおもいだすでしょう。國旗が國の代わりになって、國をあらわすからです。みなさんの学校の記章を見れば、どこの学校の生徒かがわかるでしょう。記章が学校の代わりになって、学校をあらわすからです。いまこゝに何か眼に見えるものがあって、ほかの眼に見えないものの代わりになって、それをあらわすときに、これを『象徴』というこ とばでいいあらわすのです。こんどの憲法の第一條は、天皇陛下を『日本國の象徴』としているのです。つまり天皇陛下は、日本の國をあらわされるお方ということであります〉

象徴は、英語では「シンボル」ですね。「鳩は平和のシンボル」というように、鳩が平和を表している。それと同じように、天皇は日本のシンボルなんだと、この教科書は説明しているわけです。

ただ、当の天皇自身からすると、こういう説明がわかったからといって、天皇がどのように行動すればいいのかまではわかりませんよね。第四章で詳しく説明しますが、現在の天皇陛下は、即位されてから現在まで、ずっと象徴天皇のあり方を考えて、天皇のお務めを果たされてきました。おそらく日本で誰よりも、天皇陛下が「象徴」の意味を考えてこられたに違いありません。

天皇は日本の「国家元首」となるのか？

天皇の地位をめぐっては、天皇は果たして「元首」かどうかという議論があります。そうなると、日本の国家元首は誰になるのでしょうか。実は日本国憲法には、国家元首の規定自体がありません。だから、「今の日本での国家元首は誰か」という試験問題が出たら「明文規定はない」が正解になります。

「元首」というのは、外国に対して国家を代表する人のことです。たとえば、現在のアメリカの国家元首はトランプ大統領であり、イギリスの国家元首はエリザベス女王です。

日本の場合、天皇は「国民統合の象徴」だから日本を代表する人であり、当然のことながら元首である、という考え方もあります。二〇一二年に自由民主党が提出した日本国憲法改正草案では、「天皇は、日本国の元首であり」と、天皇が元首であることを明記しています。

その一方で、政治のトップこそが国家の代表だから総理大臣が元首である、という考え方もあります。ですが、その総理大臣を任命するのは天皇です。任命するのは、総理大臣より上の立場の者と考えれば、天皇が国家元首であることを示している、という考え方もできます。

このように、元首に対する考え方の違いもあって、天皇が日本の国家元首であるかどうかについては、専門家の間で意見が分かれているのが現状です。

ただ、海外からは、天皇は「日本の国家元首」としての扱いを受けています。たとえば「大使の信任状の捧呈《ほうてい》」です。自国の国家元首から派遣された大使は、「この者を大使として認めてください」という信任状を相手国の国家元首に提出します。日本に来た大使は、それを天皇に提出します。

ちなみに、新しい大使が日本に来ると、その国の大使館は宮内庁に連絡をして、「天皇陛下に信任状の捧呈をしたいんですが、いつ行けばいいでしょうか」と都合を聞きます。

宮内庁は「では、天皇のスケジュールが空いているこの日に来てください」と返事をします。実はこのとき、宮内庁から必ず相手の大使館に聞く質問があります。「お迎えに上がります。車にしますか、馬車にしますか」と尋ねるのです。尋ねられた側は、ほぼ一〇〇パーセント、「馬車でお願いします」と答えるんですね。

だから、新しい大使は、東京駅の丸の内口から、馬車でトコトコトコトコ、皇居に向かうのです。そのために宮内庁には「車馬課」という部署があります。この部署では、天皇を送り迎えする車とともに、そうやって新しい大使を迎える馬車も持っている。そのために、皇居の中で馬も飼って訓練しています。この応対を考えると、外国からは、天皇が国家元首と考えられていることがよくわかります。

世襲のあり方は皇室典範に定められている

それでは、日本国憲法の第二条を読んでみましょう。

第二条　皇位は、世襲のものであつて、国会の議決した皇室典範の定めるところにより、これを継承する。

「皇室典範」とは、天皇、皇室について定めた法規のことです。もともと旧皇室典範は、一八八九年二月十一日に、大日本帝国憲法と共に公布されました。大日本帝国憲法では、「天皇ハ神聖ニシテ侵スヘカラス」とあり、天皇は国家の統治者で、戦前のほうが大きな存在でした。

でも、不思議に思いませんか？　皇室典範は法律なのに、「刑法」「民法」「商法」などのように、「法」の文字が入っていません。これは、戦前の旧皇室典範が、法律より上位にある決まりと位置づけられていたからです。つまり、戦前は、大日本帝国憲法と旧皇室典範があり、その下にさまざまな法律がつくられたのです。

だから、法律は議会でつくることができるし、議会で変えることができるけれど、皇室典範は議会で変えることはできませんでした。国民や議会には手を触れさせない、というのが皇室典範だったわけです。

それが戦後になると、憲法と共に皇室典範も民主的なものになりました。憲法で天皇は「国民統合の象徴」とされたのです。その結果、皇室典範も普通の法律と同じ位置づけになりました。ただし、名前をそのまま残してしまったので、法律ではあるけれど、「法」という字が入っていないということです。

そうなると、現在の皇室典範は法律ですから、議会で変えることはできます。憲法では、皇位は世襲であるという大原則だけが示されていて、具体的な世襲のあり方は、議会が決めた皇室典範に基づくと定めています。

では、皇室典範にはどのように書かれているかというと、皇室典範第一条には「皇位は、皇統に属する男系の男子が、これを継承する」とあります。つまり、天皇は男性しかなれないと定められている。でも、これは法律ですから、国会で皇室典範を改正すれば、女性天皇も可能になります。

こうした世襲の決まりは、これからの皇位継承のあり方と深くかかわっていますので、詳しくは第五章で説明します。

天皇は政治的な力を与えられていない

日本国憲法の第三条以降では、主に天皇の国事行為についての決まりが記されています。その一番のポイントは、天皇には、実際の政治をする力は与えられていない、ということです。

天皇は国会を召集したり、衆議院を解散したり、大臣や最高裁判所の裁判官を任命したりしますが、これらはすべて「内閣の助言と承認」を必要とし、「内閣が、その責任を負ふ」と定められています。つまり、実際には国会や内閣が決めるけれど、形式的に天皇が行うことになっているのですね。

日本国憲法では、天皇の国事行為として次の一三項目を挙げています。

一　国会の指名に基いて、内閣総理大臣を任命する。
二　内閣の指名に基いて、最高裁判所の長たる裁判官を任命する。
三　憲法改正、法律、政令及び条約を公布すること。
四　国会を召集すること。
五　衆議院を解散すること。
六　国会議員の総選挙の施行を公示すること。
七　国務大臣及び法律の定めるその他の官吏の任免並びに全権委任状及び大使及び公使の信任状を認証すること。
八　大赦《たいしゃ》、特赦《とくしゃ》、減刑、刑の執行の免除及び復権を認証すること。
九　栄典を授与すること。
十　批准書及び法律の定めるその他の外交文書を認証すること。
一一　外国の大使及び公使を接受すること。
一二　儀式を行うこと。
一三　国事行為を委任すること。

こう見ると、天皇の、国にかかわる仕事はけっこうあります。でもこれらは、自分の判断でできるわけではありません。天皇は、自らの意思や判断で実際の政治にかかわることはできないけれど、大事な国事行為を形式的に行うことで、国民がまとまるための大事な役割を果たしている、ということです。

第二章 知っておきたい日本の皇室

この章では、天皇陛下の一族である皇室について、見ていきましょう。皇族と呼ばれる人はどのように決められているのでしょうか？

皇室の財政事情や海外の王室との違いなど、意外と知らない皇室にまつわる話も解説します。

そもそも皇室とは何か？
その一族とは？

第一章では、憲法の中で天皇のあり方がどのように定められているのか、ということを見てきました。でも憲法には、皇室とは何かについては書かれていません。そこでこの章では、さまざまな角度から「皇室」というものを見ていくことにしましょう。

戦前の皇室は「菊のカーテン」などと呼ばれていました。それぐらいヴェールに包まれた存在であり、国民が皇室の内側のこと、ましてや日常生活を知ることはできませんでした。しかし現在は「開かれた皇室」ですから、皇室のことをある程度、知ることができるようになりました。

では、そもそも皇室とは何でしょうか。国語辞典を引くと「天皇とその一族」などと説明されていますが、そうすると、どの範囲までが「一族」に含まれるのかが気になります。

宮内庁のホームページを見ると、「皇室は、天皇陛下と皇族方で構成されています」と書かれています。「天皇陛下と皇族方」とあるのは、天皇は、皇族には含まれないからです。ややこしいですね。公式のように表現すると、「皇室＝天皇陛下＋皇族」となるのです。

この皇族の範囲は、一九四七年に皇位継承のルールを決めた法律、「皇室典範」で次のように定められています。

第五条　皇后《こうごう》、太皇太后《たいこうたいごう》、皇太后《こうたいごう》、親王《しんのう》、親王妃《しんのうひ》、内親王《ないしんのう》、王、王妃《おうひ》及び女王を皇族とする。

聞き慣れない言葉もあると思うので、一つずつ解説しましょう。

皇后はわかりますよね。天皇陛下のお妃《きさき》が皇后です。太皇太后は、先々代の天皇の皇后、皇太后は先代の皇后のことです。

親王は、天皇陛下と皇后の間に生まれた皇子《おうじ》（息子）と、皇子とそのお妃から生まれた男子の皇孫《こうそん》のことをいいます。そして皇子、皇孫のお妃が親王妃です。

内親王は、天皇陛下と皇后の間に生まれた皇女《こうじょ》（娘）と、皇子とそのお妃から生まれた女子の皇孫のことです。

王と女王は、「三世以下の嫡男系嫡出《ちゃくなんけいちゃくしゅつ》の子孫」で、男は王、女は女王だと説明されます。これは一読しただけでは、どういう関係かがわかりませんよね。三世というのは、曽孫のことです（一世は子、二世は孫）。つまり、今までの天皇から見て、男系の曽孫以降の子孫が王と女王ということになります。そして、王のお妃が王妃になるわけですね。

皇室の構成

次ページの「皇室の構成図」を見ながら、この規定を現在の皇室にあてはめてみましょう。現在の皇室は一九人で構成されています。

天皇陛下と皇后陛下がいて、その皇子である皇太子さまと秋篠宮さまは親王、それぞれのお妃である雅子《まさこ》さまと紀子《きこ》さまは親王妃ですね。

皇太子と雅子さまの娘、愛子《あいこ》さまは内親王。秋篠宮さまと紀子さまの子女である悠仁《ひさひと》さまは親王、眞子《まこ》さま、佳子《かこ》さまは内親王ということになります。

天皇陛下のご兄弟には、常陸宮正仁《ひたちのみやまさひと》親王がいらっしゃり、そのお妃である華子《はなこ》さまは親王妃です。

昭和天皇のご兄弟とそのお妃の中では、三笠宮崇仁《みかさのみやたかひと》親王妃である百合子《ゆりこ》さまがご存命です。

また、三笠宮同妃両殿下のご子息とそのお妃の中では、三笠宮寛仁《ともひと》親王妃の信子《のぶこ》さま、高円宮《たかまどのみや》憲仁《のりひと》親王妃である久子《ひさこ》さまが皇族に含まれます。

さらに、三笠宮同妃両殿下の男系のお孫さんである彬子《あきこ》さま、瑶子《ようこ》さま、承子《つぐこ》さま、絢子《あやこ》さまが女王ということになります。この四方は昭和天皇から見ると、男系の曽孫にあたるからです。

以上をまとめると、次のようになります。

- 天皇陛下
- 皇后陛下
- 親王………皇太子徳仁《なるひと》親王、秋篠宮文仁《ふみひと》親王、悠仁親王、常陸宮正仁親王
- 親王妃……皇太子徳仁親王妃（雅子さま）、秋篠宮文仁親王妃（紀子さま）、常陸宮正仁親王妃（華子さま）、三笠宮崇仁親王妃（百合子さま）、三笠宮寛仁親王妃（信子さま）、高円宮憲仁親王妃（久子さま）
- 内親王……愛子内親王、眞子内親王、佳子内親王
- 女王………彬子女王、瑶子女王、承子女王、絢子女王

皇室の構成

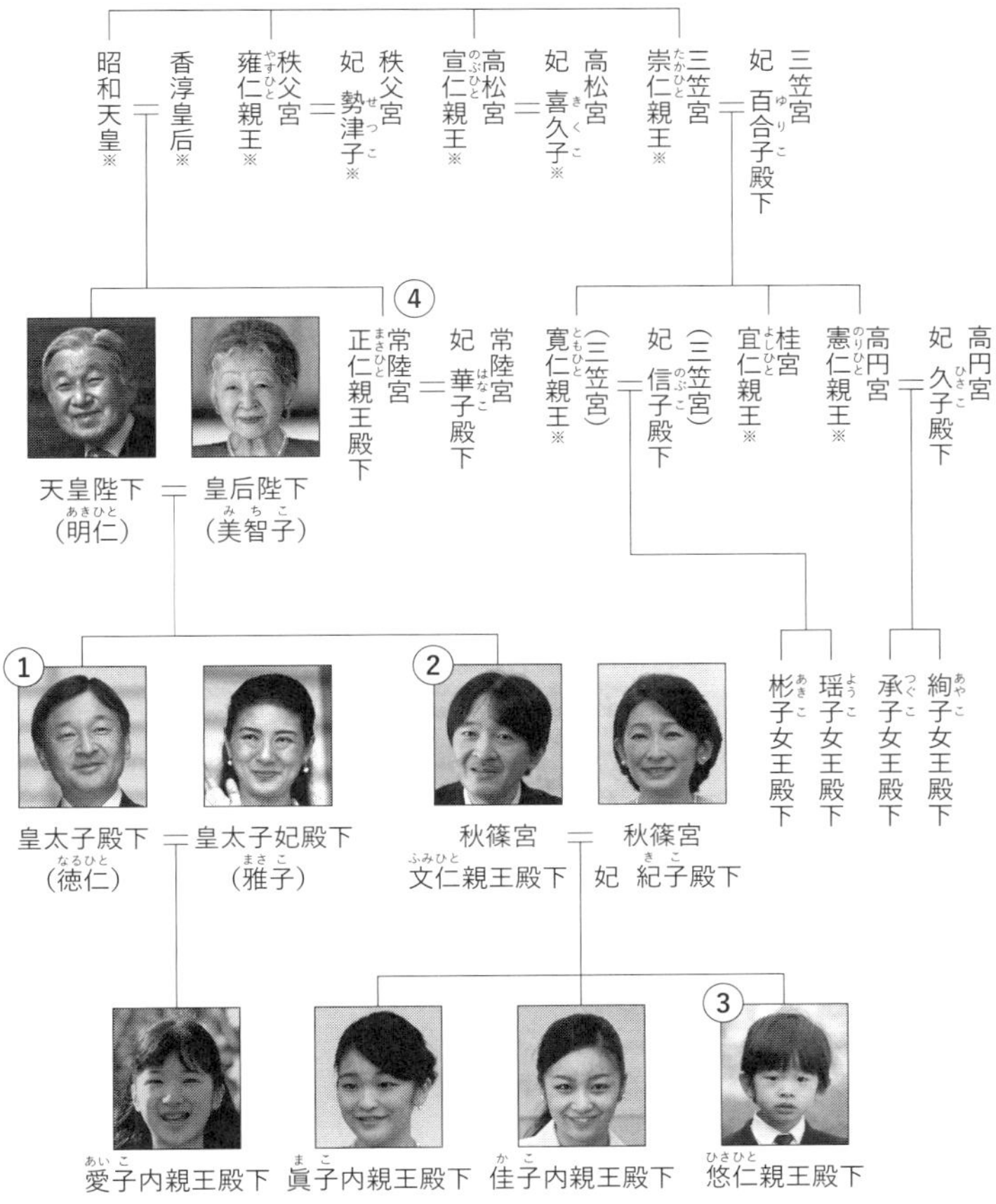

※は崩御《ほうぎょ》・薨去《こうきょ》された方。○は皇位継承順位。呼称は宮内庁の「皇室の構成図」と揃えました。

出典：宮内庁ホームページ　2018年4月1日現在　ⓒ AFP/時事、Belga/時事、EPA/時事、時事

明治時代以前は世襲制だった「親王」

ここで「宮家《みやけ》」についても、説明しておきましょう。宮家とは、皇族で「宮号《みやごう》」を与えられた家です。

実は、「○○宮」さまという呼び方には、二種類の使い方があります。現在の皇太子殿下はかつて「浩宮《ひろのみや》」さまと呼ばれていました。秋篠宮殿下は「礼宮《あやのみや》」さまですね。これらの称号は、天皇と皇太子の子女（天皇、皇太子の息子、娘）だけにつけることになっています。だから、愛子さまにも「敬宮《としのみや》」さまという称号があります。

この称号とは別に、「秋篠宮」「常陸宮」「三笠宮」という宮号があり、こちらが「宮家」にあたります。宮号は、皇族の男子が結婚して独立するときに、天皇から与えられるものです。

一方、皇族の女子は、皇族以外の者つまり一般の国民と結婚すると、皇籍から離脱することになります。つまり、愛子さまや眞子さま、佳子さまが皇族以外の者と結婚した場合には、皇族ではなくなるということです。

では、そもそも宮家とはいつ頃からあるものなのでしょうか。

歴史的には、鎌倉時代あたりから、天皇家以外の親王の一家を「○○宮」と呼ぶ例が見つかっています。「世襲親王家」といって、代々、天皇から「親王」と名乗る許可をもらって、親王を世襲していく宮家が成立していくのです。

何か、変だと思いませんか？　現代では、親王を名乗れるのは天皇の息子や男性の孫だけです。それなのに、昔は親王を世襲していたというのは、どういうことでしょう。

実は古代でも、当初の制度では、親王は天皇の兄弟と皇子だけだと決まっていました。ところが奈良時代の中期から、このしくみが崩れて、天皇の子供であっても、天皇が承認しなければ親王と名乗れなくなったのです。つまり、誰を親王とするかは、天皇が決めることになりました。

世襲親王家の場合は、代々の当主が、天皇と形式的に養子の関係を結んで、天皇に親王であることを認めてもらいます。

そして、室町時代から江戸時代にかけて、このような親王の地位を世襲していく四つの宮家（伏見宮《ふしみのみや》、桂宮《かつらのみや》、有栖川宮《ありすがわのみや》、閑院宮《かんいんのみや》）が成立していくのです。ただ、世襲親王家といっても、その一代目は当然、天皇の皇子です。つまり天皇にならなかった親王の子孫が代々、宮家として親王という地位を世襲していくわけです。さらに幕末から明治前半にかけては、四つの宮家以外にも、新しい宮家がつくられていきました。

こうした宮家の重要な役割は何でしょうか。それは、天皇家で皇位の引き継ぎができなくなった場合でも、皇統が途絶えないように、天皇になりうる男子を確保しておくことにありました。

制度が大きく変わるのは、一八八九年に旧皇室典範が制定されてからです。

ここで再び、親王や内親王、王、女王の範囲が定められるようになりました。具体的には、四世までを親王、内親王として、五世以下を王、女王とすることになったのです。ということは、親王の地位は世襲するものではなくなったわけですね。

旧皇室典範を制定した後は、五つの宮家が創設され、戦前では、最終的に一四の宮家がありました。しかし第二次世界大戦敗戦後は、日本国憲法の施行によって皇室財産に「財産税」が課され、ほとんどが国有化され、経済的に宮家を維持することが難しくなりました。

そこで、昭和天皇の弟である秩父宮、高松宮、三笠宮をのぞく一一宮家と五一人の皇族は皇籍を離脱することになったのです。

皇籍を失った人たちは、それからは自分で生計を立てていかなければなりません。しかし、終戦直後ですから、生活が窮屈になっていきます。そのため、持っている土地を売る人も大勢いました。国土計画（現在の西武グループ）はそういった土地を次々に買い、プリンスホテルを建てたのです。たとえば、グランドプリンスホテル高輪は旧竹田宮《たけだのみや》邸跡、グランドプリンスホテル新高輪の一部は旧北白川宮《きたしらかわのみや》邸跡、かつて軽井沢にあった千ケ滝プリンスホテルは旧朝香宮《あさかのみや》の沓掛《くつかけ》別邸跡といった具合です。

なお、このとき離脱した一一の宮家は、系図をたどっていくと、いずれも室町時代に成立した伏見宮にたどりつきます。興味のある人はぜひ、資料などを見て確かめてみてください。

皇族に姓や戸籍がないのはなぜ？

さあ、それでは皇族は、私たち一般の国民とどういう点が違っているのでしょうか。

わかりやすい違いとしては、皇族には姓（苗字）がありません。「秋篠宮」「常陸宮」は、天皇から与えられる宮号なので、苗字ではないのですね。

逆に皇籍から離れると一般国民となるので、姓を持つことになります。たとえば、二〇〇五年に黒田慶樹《よしき》さんと結婚した紀宮清子《のりのみやさやこ》さまは、結婚後、黒田の姓を持つようになりました。

また、天皇と皇族には戸籍や住民票はありません。その代わりに、歴代の天皇・皇后と皇族の身分や系譜を記録する「皇統譜《こうとうふ》」というものがあります。

細かくいうと、皇統譜には、天皇と皇后に関する事柄を記録する「大統譜《たいとうふ》」と、皇后以外の皇族に関する記録をまとめた「皇族譜《こうぞくふ》」の二種類があり、それぞれ正本《せいほん》が宮内庁書陵部に、副本は法務省に保管されています。なぜ、天皇や皇族には姓や戸籍がないのでしょうか。これも日本の歴史を知らないとわかりません。

第三章の内容と少し重なりますが、古代日本では古墳時代を通じて、大和《やまと》政権という政治連合が成立していきます。そして、五世紀末から六世紀になると、大和政権は、大王《おおきみ》（のちの天皇）を中心に、氏姓《うじかばね》制度と呼ばれるしくみをつくっていくのです。

氏姓制度も歴史の授業で習いますよね。「氏」というのは、血族グループの呼び名です。蘇《そ》我《が》氏、葛城《かつらぎ》氏、物部《もののべ》氏といった豪族がそうです。

大王は、それぞれの氏に対して、姓を授けます。姓とは、大和政権内の地位を表すもので、「臣《おみ》」や「連《むらじ》」などがあります。「臣」は、大和政権を構成する有力豪族に、「連」は政務や祭《さい》祀《し》など、特定の職業にたずさわって大和政権を支える有力豪族に与えられた姓です。

このように、古代の大和政権では、大王がそれぞれの氏に姓を授けるというしくみがつくられていきました。したがって支配者である大王には、氏も姓も必要なかったのです。

この大王がのちに天皇と呼ばれるようになり、皇族の範囲が定まっていくにつれて、皇族も天皇と同様に、氏や姓を持たなくなりました。そして朝廷の支配者ですから、戸籍を持つ必要もありませんでした。皇籍から離脱するときには、姓を与えられる点も現代と同じです。

このように、姓も戸籍もない天皇と皇族は、一般国民ではないので、私たちが持っているさまざまな自由や権利も制約されることになります。たとえば、選挙権もなければ、表現の自由や移動の自由、職業選択の自由もありません。

ただ皇室典範では、十五歳以上の内親王、王、女王は、本人の意思に基づいて、皇室会議の承認を得ることができれば、皇族の身分を離脱できると定められています。ですから、極端なことをいえば、愛子さまや眞子さま、佳子さまは、どうしても皇籍を離脱したいと思ったら、皇族会議の承認をもらえれば、結婚する前でも皇籍を離れることができるわけです。

それに対して、皇族男子にはそういう自由がありません。さらに結婚も、皇族を始め内閣総理大臣や宮内庁長官ら一〇名で構成される皇室会議の承認が必要で、個人の意思だけで結婚することはできません。当然、結婚をしても皇族のままです。

現在の皇室典範では、皇族として生まれた男性は、一生、天皇あるいは皇族として生活しなければならないのです。

皇室の財政事情はどのように決まる？

続けて、皇室の財政事情を見ていきましょう。

もしかしたら「皇室はお金持ち」と思っている人もいるかもしれませんが、実は皇室には私有財産がありません。なぜかというと、日本国憲法第八八条で「すべて皇室財産は、国に属する。すべて皇室の費用は、予算に計上して国会の議決を経なければならない」と定められているからです。

戦前は現在とは違い、皇室の財政は国家財政と切り離されていました。そのため、皇室には莫大な資産がありました。

ところが、六三ページで触れたように、第二次世界大戦敗戦後、日本国憲法の施行により

「財産税」が課され、それらのほとんどが国有化されました。当時、GHQが算出した昭和天皇の財産は約三七億円。その九割が財産税として国有財産となり、残った資産もほとんどが国有財産となります。

昭和天皇に残された金融資産はわずか一五〇〇万円程度でしたが、これは国有化されずに、昭和天皇の私有財産となりました。この私有財産を憲法上、どのように考えるべきかどうかは、はっきりとした答えは出ていません。

一方、国家の議決で認められる皇室の費用には、具体的にどのようなものがあるのでしょうか。「皇室経済法」という法律では、皇室の費用を「内廷費」「皇族費」「宮廷費」という三種類に分けています。

内廷費というのは、天皇・皇后両陛下と皇太子一家の私的な費用で、年額は三億二四〇〇万円。この額は、一九九六年度から変わっていません。この内廷費には、食費、被服費、研究経費、私的な交際費、御用邸などへの私的な旅行費、宮中で受け継がれる神事の経費などのほか、宮中祭祀にかかる人件費なども含まれます。

それに対して皇族費は、皇族としての品位を保持するために、秋篠宮ご一家を始めとしたそれぞれの宮家に支出されるものです。二〇一八年度の予算総額は三億六四一七万円でした。各宮家に支出される額は、次のように算出することが皇室経済法で決められています。

①独立の生計を営む親王及び夫を失って独立の生計を営む親王妃（定額相当額）
②独立の生計を営む親王の妃及び独立の生計を営む内親王（定額の二分の一相当額）
③独立の生計を営まない親王、その妃及び内親王（成年）（定額の一〇分の三相当額）
④独立の生計を営まない親王、その妃及び内親王（未成年）（定額の一〇分の一相当額）
⑤独立の生計を営まない王、王妃及び女王（成年）（③の一〇分の七に相当する額の金額）
⑥独立の生計を営まない王、王妃及び女王（未成年）（④の一〇分の七に相当する額の金額）

二〇一八年度の定額は三〇五〇万円なので、それをもとに計算すると、秋篠宮ご一家では、年額六七一〇万円の支出となっています。ただ、二〇一九年に新天皇が即位されると、秋篠宮殿下は、皇位継承順位第一位の「皇嗣《こうし》」となり、現在の三倍の額が皇族費として支給されることになっています。そうなると、二〇一九年の秋篠宮ご一家の総額は、一億二八一〇万円となり、二〇一八年度の額から倍近くに増えることになります。

宮内庁が管理する公金、宮廷費の内訳とは？

内廷費や皇族費は、天皇や皇族がプライベートに使う費用も含まれるため、詳細な用途は発表されていません。それに対して、宮廷費は宮内庁が管理する公金なので、その用途は詳しく発表されています。たとえば、二〇一八年度の宮廷費の内訳（政府案）を見てみましょう。

- 儀典関係費　二三億六五〇〇万円
- 宮殿等管理費　一〇億二九〇〇万円
- 皇室用財産修繕費　一四億四五〇〇万円
- 皇居等施設整備費　三九億四一〇〇万円

・文化財管理費　二億一四〇〇万円
・車馬管理費　一億七八〇〇万円
合計　九一億七一〇〇万円

さまざまな項目がありますが、儀式や国賓《こくひん》・公賓等の接遇《せつぐう》、日本各地へのご訪問、外国ご訪問、皇室用財産の管理、皇居等の施設の整備などにかかる費用が宮廷費に含まれます。

また二〇一八年度の宮廷費は、二〇一七年度に比べると、約三五億円も増額しています。この増額分は、天皇陛下の退位と新天皇の即位関連の準備費用として計上されたものです。

たとえば両陛下は現在、皇居の一番奥まった吹上御苑《ふきあげぎょえん》と呼ばれる地域にある「御所」にお住まいですが、退位後は、高輪皇族邸《たかなわこうぞくてい》(旧高松宮邸)に仮住まいすることが決まっています。その改修費なども宮廷費に盛り込まれています。

また、皇位継承にかかわる儀式の関係費は一六億五三〇〇万円。二〇一八年度は、皇族にとっても特別にお金がかかる年度といえそうです。

重要な意義も持つ皇室外交の力

宮廷費の中には、天皇・皇族の外国ご訪問や国賓、公賓の接遇など、国際親善の費用も含まれます。天皇陛下や皇族の方々が国際親善活動をすることを「皇室外交」ということもあります。

もちろん、皇室は国政に関与はしないので、条約を結ぶような外交権は持っていません。しかし対外的には、天皇陛下は「元首」の役割を果たされていますから、皇室の親善訪問や国賓の接遇は、国家間の関係を深めることに大いに寄与しているのです。

訪問の理由は、相手国から国際親善の招待を受けてのご訪問、記念式典や記念行事へのご出席、葬儀への弔問《ちょうもん》などさまざまです。

天皇陛下の場合、皇太子時代から、昭和天皇のご名代《みょうだい》（代理）として、多くの国々を訪ねておられます。ご即位前から通算すると、公式に訪問された国は五一カ国。お立ち寄りになった国を加えると、両陛下で五九カ国を訪問されています。最近では、二〇一七年二月末〜三月にベトナムを公式にご訪問されました。両陛下がベトナムを公式訪問するのは、史上初めてのことです。

二〇一七年の陛下のお誕生日に際して開かれた記者会見で、陛下はベトナムご訪問について、次のように述べられました。

「ベトナムでは、現在の国家主席御夫妻を始め、四人の指導者に丁重に迎えられ、また、多くのベトナム国民から温かい歓迎を受けました。両国間の緊密な関係に深く思いを致しました。ハノイにおいて、先の大戦の終了後もベトナムに残り、ベトナム人と共にフランスからの独立戦争を戦った、かなりの数の日本兵が現地で生活を営んだ家族の人たちに会う機会もありました。こうした日本兵たちは、ベトナムの独立後、勧告により帰国を余儀なくされ、残されたベトナム人の家族は、幾多の苦労を重ねました。そうした中、これらベトナム人の家族と、帰国した元残留日本兵たちが、その後日本で築いた幾組かの家族との間に、理解ある交流が長く続いてきていることを聞き、深く感慨を覚えました」

戦前の一九四〇年九月、日本軍はフランス領インドシナ北部（ベトナム北部）に進駐しました。終戦時に撤退しますが、一部の日本兵はベトナムに残留し、再び進駐してきたフランス軍との戦闘に参加しています。こうした残留日本兵の多くは、現地のベトナム人女性と結婚をし、子供をもうけました。

しかし、対仏戦争が終わって元日本兵が帰国する際に、家族を同行させることが許されない場合もありました。その結果、ベトナムに元日本兵の妻と子供だけが残されることになった。陛下は、そういった家族の人たちとお会いになり、これまでの苦労をねぎらわれたのです。

皇后陛下も、そのときのことを『「父の国」と日本《にっぽん》を語る人ら住む遠きベトナムを訪《おとな》ひ来たり』と歌に詠まれています。

このベトナムご訪問のように、公式訪問の折になされる活動が、両国の友好関係を築く上で重要な意義を持つことも珍しくないのです。

国賓と公賓の違いは？

では今度は、海外から重要な人物を迎え入れるケースを見てみましょう。先ほどは特に説明せずに「国賓」「公賓」という言葉を使ってしまいましたが、この二つにはどのような違いがあるのでしょうか。

まずは、二〇一四～二〇一七年の間に日本を訪れた国賓と公賓を見てみましょう。

・国賓……ベトナム国主席夫妻（二〇一四年）、アメリカ合衆国大統領（同）、オランダ国国王ウィレム・アレキサンダー陛下・王妃マキシマ陛下（同）、フィリピン国大統領（二〇一五年）、ベルギー国国王フィリップ陛下・王妃マチルド陛下（二〇一六年）、シンガポール国大統領夫妻（同）、スペイン国国王フェリペ六世陛下・王妃レティシア陛下（二〇一七年）、ルクセンブルク国大公アンリ殿下（同）

・公賓……サウジアラビア国皇太子サルマン殿下（二〇一四年）、アラブ首長国連邦アブダビ首長国皇太子ムハンマド殿下（同）、オーストラリア国首相（同）、バングラデシュ国首相（同）、インド国首相（同）、ベトナム国共産党中央執行委員会書記長（二〇一五年）、英国首相（二〇一七年）

これらを見るとわかるように、国賓は国王や大統領といった国家元首であるのに対して、公賓は外国の王族や、行政府の長あるいはそれに準じる人物である、という違いがあります。

そして、国賓が日本に到着した翌日の夜に催されるのが宮中晩餐会です。宮中晩餐会は、両陛下が主催されるものです。皇居宮殿の中で最も広い「豊明殿《ほうめいでん》」という大広間で行われ、皇族、三権の長、閣僚など、一五〇人前後が招かれます。

陛下の歓迎のお言葉、賓客の挨拶の後、宮内庁式部職楽部が演奏する音楽が流れる中で、フランス料理の晩餐が供されるのです。

国家元首とは何か？

国によってこんなに違う

次に、国家元首について、簡単に解説しておきましょう。

国王がいない共和制国家では、選挙で選ばれた大統領が国家元首となります。共和制国家の多くは、かつて君臨していた皇帝や国王を革命やクーデターで追放（あるいは殺害）して成立しています。また、アメリカのように、まったく新しく国づくりをしたところもあります。そういった国では、大統領が国家を代表するトップなのです。

共和制国家には首相もいますが、首相は財務省や外務省など国家の行政組織のトップです。首相が内閣を組織し、各大臣に命じて組織を動かします。つまり、大統領と首相の両方がいる国は、大統領が国家を代表し、首相が国内政治を受け持つのです。

それに対して、首相しかいない国は、大統領の代わりに国王や女王が存在します。イギリス、オランダ、デンマークなどがその代表例です。国王や女王が国家元首ですが、政治的な力はありません。歴史的な経緯で、あえて力を発揮しないようになったともいえます。これが第一章でも触れた「立憲君主制」です（二二ページ）。

イギリスの議会にはユニークな習慣が残っています。

議会の開会式では、エリザベス女王の開会挨拶があります。バッキンガム宮殿からエリザベス女王が馬車で国会議事堂に到着した後、国会議事堂では上院の議場に入り、かつらをかぶって整列する上院議員の前で挨拶をします。下院の代表である首相や野党党首は、下院から上院の議場に入り、女王の挨拶を聞きます。

実はこのとき、議会の代表一人が女王と入れ違いにバッキンガム宮殿に入り、人質となるのです。

万が一、女王が議会で議員らに監禁されたり危害を加えられたりしたら大変です。女王が無事に議会挨拶を終え、宮殿に戻ってくるまでの間の女王側の人質となるわけです。

これは、かつて国王と議会が厳しく対立していた頃を思わせます。人質をとっておかないと、国王が安心して議会に足を運べないという時代があったのでしょう。

でも、今はバッキンガム宮殿で「人質」になった議員には、お茶などが振舞われ、女王が無事戻ってくるまでのんびりと過ごすそうです。

ちなみに、カナダやオーストラリア、ニュージーランドなども首相しかいません。では、国家元首は誰なのか。それはエリザベス女王です。これらの国はイギリス連邦を形成し、国家元首はいずれもイギリスの女王ということになります。

エリザベス女王の開会挨拶

2015年5月27日　ⓒAFP＝時事

日本の皇室は現存する世界最古の王朝

この章の最後に、日本の皇室と海外の王室の異なる点を二点、挙げておきましょう。

何といっても最大の違いは、皇室が続いてきた期間の長さです。実は、日本の皇室は現存する世界最古の王室としてギネスブックに登録されています。

かつてはエチオピアの王室が、紀元前十世紀から続く世界最古の王室でしたが、エチオピア帝国が一九七四年に消滅したことで、日本の皇室が最古の王家となったのです。ちなみに二位はデンマークの王室で、十世紀頃から続いています。

第三章で詳しく説明しますが、『日本書紀』では紀元前六六〇年に、日本の皇室のルーツとされる初代神武天皇が即位されたと書かれています。ただ、これはあくまで神話上の出来事です。それでも、デンマークの王室よりはるか前に、現在につながる天皇家が生まれたことは確かでしょう。

もう一点は、王位継承のあり方です。世界の王室にはそれぞれ異なった王位継承のルールがあります。ここではイギリスとの違いを説明しておきましょう。

イギリスでは十七世紀以来、王女が先に生まれても、その後に王子が誕生すれば、王子のほうが王位継承の順位は高かった。ところが二〇一三年に画期的な法改正があり、性別を問わず、生まれた順番によって王位継承の順位が決まることになりました。これは時代の変化に合わせたものでしょう。

日本では第一章でも解説したように、明治以来、男系男性の皇族でなければ、天皇に即位することはできません（四八ページ）。しかしこのルールを続けたままで、果たして天皇家は存続することができるでしょうか。この問題はあらためて第五章で詳しく考えることにしましょう。

第三章 歴史の中の天皇

歴史上では一二五代目とされる現在の天皇陛下。

天皇制はどのようにしてできたのか。元号はいつから始まったのか。それぞれの時代で天皇はどのような存在だったのでしょうか。

歴代天皇陛下一覧

初代	神武	じんむ
2代	綏靖	すいぜい
3代	安寧	あんねい
4代	懿徳	いとく
5代	孝昭	こうしょう
6代	孝安	こうあん
7代	孝霊	こうれい
8代	孝元	こうげん
9代	開化	かいか
10代	崇神	すじん
11代	垂仁	すいにん
12代	景行	けいこう
13代	成務	せいむ
14代	仲哀	ちゅうあい
15代	応神	おうじん
16代	仁徳	にんとく
17代	履中	りちゅう
18代	反正	はんぜい
19代	允恭	いんぎょう
20代	安康	あんこう
21代	雄略	ゆうりゃく
22代	清寧	せいねい
23代	顕宗	けんぞう
24代	仁賢	にんけん
25代	武烈	ぶれつ
26代	継体	けいたい
27代	安閑	あんかん
28代	宣化	せんか
29代	欽明	きんめい
30代	敏達	びだつ
31代	用明	ようめい
32代	崇峻	すしゅん
33代	推古*	すいこ
34代	舒明	じょめい
35代	皇極*	こうぎょく
36代	孝徳	こうとく
37代	斉明*	さいめい
38代	天智	てんじ
39代	弘文	こうぶん
40代	天武	てんむ
41代	持統*	じとう
42代	文武	もんむ
43代	元明*	げんめい
44代	元正*	げんしょう
45代	聖武	しょうむ
46代	孝謙*	こうけん
47代	淳仁	じゅんにん
48代	称徳*	しょうとく
49代	光仁	こうにん
50代	桓武	かんむ
51代	平城	へいぜい
52代	嵯峨	さが
53代	淳和	じゅんな
54代	仁明	にんみょう
55代	文徳	もんとく
56代	清和	せいわ
57代	陽成	ようぜい
58代	光孝	こうこう
59代	宇多	うだ
60代	醍醐	だいご
61代	朱雀	すざく
62代	村上	むらかみ
63代	冷泉	れいぜい
64代	円融	えんゆう
65代	花山	かざん
66代	一条	いちじょう
67代	三条	さんじょう
68代	後一条	ごいちじょう

69代	後朱雀	ごすざく
70代	後冷泉	ごれいぜい
71代	後三条	ごさんじょう
72代	白河	しらかわ
73代	堀河	ほりかわ
74代	鳥羽	とば
75代	崇徳	すとく
76代	近衛	このえ
77代	後白河	ごしらかわ
78代	二条	にじょう
79代	六条	ろくじょう
80代	高倉	たかくら
81代	安徳	あんとく
82代	後鳥羽	ごとば
83代	土御門	つちみかど
84代	順徳	じゅんとく
85代	仲恭	ちゅうきょう
86代	後堀河	ごほりかわ
87代	四条	しじょう
88代	後嵯峨	ごさが
89代	後深草	ごふかくさ
90代	亀山	かめやま
91代	後宇多	ごうだ
92代	伏見	ふしみ
93代	後伏見	ごふしみ
94代	後二条	ごにじょう
95代	花園	はなぞの
96代（南朝初代）	後醍醐	ごだいご
97代（南朝2代）	後村上	ごむらかみ
98代（南朝3代）	長慶	ちょうけい
99代（南朝4代）	後亀山	ごかめやま
（北朝初代）	光厳	こうごん
（北朝2代）	光明	こうみょう
（北朝3代）	崇光	すこう
（北朝4代）	後光厳	ごこうごん
（北朝5代）	後円融	ごえんゆう
100代（北朝6代）	後小松	ごこまつ
101代	称光	しょうこう
102代	後花園	ごはなぞの
103代	後土御門	ごつちみかど
104代	後柏原	ごかしわばら
105代	後奈良	ごなら
106代	正親町	おおぎまち
107代	後陽成	ごようぜい
108代	後水尾	ごみずのお
109代	明正＊	めいしょう
110代	後光明	ごこうみょう
111代	後西	ごさい
112代	霊元	れいげん
113代	東山	ひがしやま
114代	中御門	なかみかど
115代	桜町	さくらまち
116代	桃園	ももぞの
117代	後桜町＊	ごさくらまち
118代	後桃園	ごももぞの
119代	光格	こうかく
120代	仁孝	にんこう
121代	孝明	こうめい
122代	明治	めいじ
123代	大正	たいしょう
124代	昭和	しょうわ
125代	今上	きんじょう

■は本書で取り上げた天皇

＊は女性天皇

日本の神話を語った書物

『古事記』と『日本書紀』

現在の天皇陛下は、天皇の歴史の中では、第一二五代目の天皇だとされています。では、初代天皇は誰でしょうか。奈良時代に成立した歴史書で、全三十巻からなる『日本書紀』では、神武天皇が紀元前六六〇年に初代天皇に即位したと書かれています。その神武天皇から数えて、一二五代目にあたるのが今の天皇陛下になります。

ただ、誤解してはいけないのは、神武天皇は神話上の人物だということです。このことは即位した年号を見れば、すぐわかりますよね。紀元前六六〇年頃の日本は、まだ縄文時代の晩期か弥生時代が始まった頃です。しかも『日本書紀』によると、神武天皇の在位期間は七十六年間、百二十七歳で崩御したことになっています。こうした点から考えても、神武天皇が神話上の人物であることは明らかだと思います。

そこで、神話であることをきちんと押さえた上で、どういう経緯で神武天皇が即位に至ったかを簡単に見ておきましょう。

日本の神話を語った書物には、『日本書紀』のほか、奈良時代に成立した歴史書で、上・中・下の三巻からなる『古事記』があります。両方を合わせて「記紀《きき》神話」といいます。『古事記』と『日本書紀』の編纂《へんさん》は、奈良時代の七世紀後半から、当時の天武天皇の命令で国史をつくることを目的に始められました。つまり天武天皇が、日本の歴史書をきちんとつくろうと思って指示したわけです。このあたりのことは、日本史の教科書にも書かれていますね。

先に完成したのは『古事記』(七一二年)で、その後、七二〇年に『日本書紀』ができました。でも、なぜ同じ時期に『古事記』と『日本書紀』という二冊の書物が編纂されたのでしょうか。実はこの二冊は、書かれた目的や内容、書き方が大きく違うんですね。

『古事記』のほうは、すべて漢字で書かれていますが、日本語の話し言葉を生かすような和化漢文で書かれています。また、その内容も非常に物語性に富んでいるので、現代語訳で読めば、現代の私たちでも楽しく読むことができます。

三巻にまとめられていて、特に天皇家の歴史を中心に、神々の物語を描いた「上つ巻（上巻）」は、エンタテインメント的な要素もたくさん入っています。こうした点から、『古事記』は国内向けに、天皇家の歴史を正統化するためにまとめられたのではないかと考えられています。

それに対して、『日本書紀』はもっとかしこまっています。文章は、中国の文法にのっとった漢文で書かれているし、体裁も、当時の先進国である中国の歴史書を強く意識して、年代順に書いています。

つまり、『日本書紀』は、国内向けというより、外国に対して、「私たちの国にはこんなに立派な歴史書がありますよ」と、アピールするためにつくられた公式な歴史書としての意味合いが強かったのでしょう。

『古事記』と『日本書紀』に書かれている初代、神武天皇

さて、その内容です。これも『古事記』と『日本書紀』ではかなり違いがあります。同じ人物なのに違う呼び方をしていたり、『古事記』に入っているエピソードが、『日本書紀』ではごっそり抜けていたりするのです。また、扱っている期間も違います。

それでも大筋では共通しています。男神のイザナギと女神のイザナミが日本国土をつくり、さらにアマテラスを誕生させます。このアマテラスの孫であるニニギは、アマテラスの命令で日本の国土を統治するために、天の世界である高天原《たかまがはら》から地上に降りてきます。これを「天孫降臨《てんそんこうりん》」と呼びます。アマテラスを漢字で書くと「天照」です。ニニギはその孫だから、「天孫」が降臨したということになるわけです。

初代天皇の神武天皇は、このニニギのひ孫にあたります。『日本書紀』では、九州の日向《ひゅうが》から東征《とうせい》し、大和一帯を征服した後、紀元前六六〇年の元旦に即位したと書かれています。

このように書くと、実際に神武天皇がいたかのような錯覚に陥りやすいのですが、そもそも『古事記』や『日本書紀』を編纂した奈良時代から見ると、紀元前六六〇年は、千三百年以上も昔のことです。もちろん、神武天皇が実在したことを証拠づけるものは何もありません。

さらに、二代目の綏靖《すいぜい》天皇から九代目の開化《かいか》天皇までの天皇に関しては、『古事記』にも『日本書紀』にも、その系譜が書かれているだけで、どんな活動をしたのかという記録がいっさい書かれていません。

これを「欠史八代《けっしはちだい》」といって、八人の天皇も実在しなかったのではないか、という見方が一般的です。

「大王」から「天皇」へ

天皇制はどのようにしてできたのか

そうなると、いったいいつの時代から、天皇は存在したのかということが気になりますね。結論からいうと、一二五代続く天皇の中で、どの代の天皇から実在したのかということは、はっきりとはわかっていません。歴史学者によっても意見が違っています。だから教科書にも、実在する最も古い天皇は誰かということが書かれていないわけです。

ただ、誰が最も古いかはわからないけれど、天皇制ができていく経緯については、おおよそ見方が固まっているので、教科書にも説明されています。

たとえば、歴史の授業では古墳について学びますね。国家統一の初期にあたる三世紀後半から六世紀末ぐらいにかけて、日本各地に古墳が造営されていきました。つまり、全国各地に大きな権力を持った首長がいて、その人たちが死んだ後、古墳に葬られたわけですね。

近畿地方では非常に大規模な古墳がいくつか見つかっています。一昔前の社会の教科書では、「仁徳天皇陵《にんとくてんのうりょう》」という名前で教えられていた巨大古墳が有名です。しかし、最近の教科書では、仁徳天皇陵という言い方は使われなくなっていて、「大仙陵《だいせんりょう》古墳《こふん》」と呼ぶことが多くなっています。この古墳が誰の墓なのか、正確にはわかっていないからです。

ただ、それだけ大規模な古墳をつくれるのは、当時でも相当な権力があった人物でしょう。一六代の仁徳天皇のお墓かどうかはわかりませんが、天皇のお墓ではないかと考えられているわけです。

この古墳がつくられた時代を通じて、日本中に散らばっていた豪族《ごうぞく》がだんだんとまとまって政治連合をつくり、そのリーダーが「大王」と呼ばれるようになった。そういうふうに考えられているんですね。ですから、古墳時代にはまだ「天皇」という呼び方はされていません。天皇の称号が用いられるようになったのは、七世紀の天武《てんむ》天皇の頃だといわれています。

つまり、大王がその地位を豪族の中で継承していき、それがやがて天皇という呼び名に変わっていったと考えられているわけです。

雄略天皇はなぜ教科書で取り上げられるのか

それでは、社会の教科書の本文に、最初にはっきりと登場する大王（天皇）は誰でしょうか。それは、五世紀のワカタケル大王（雄略天皇《ゆうりゃく》）なんですね。第二一代目の天皇です。なぜ、雄略天皇が特別に注目されるかというと、複数の証拠が見つかっているからです。まず、埼玉県の稲荷山古墳と熊本県の江田船山古墳《えたふなやま》で二つの鉄剣が見つかりました。二つの鉄剣にはどちらも「獲加多支鹵大王《わかたける》」という文字が刻まれています。

さらにお隣の中国（宋）には、六世紀初めにまとめられた『宋書《そうじょ》』という歴史書があり、ここに、当時の日本についての記録が残っています。当時の日本は「倭《わ》」と呼ばれていたので、その箇所を『宋書』倭国伝《わこくでん》といいます。

『宋書』倭国伝によれば、倭の国では、興《こう》という王が死んで武《ぶ》が即位した、とあります。その後武は、四七八年に宋の皇帝に使節を送り、文書を提出しているのです。その文書には「私の祖先は自ら甲冑《かっちゅう》を身に着けて、東は五十五カ国、西は六十六カ国、海を越えて九十五カ国も征服しました」と書いてあります。これを読んで、中国の皇帝は、武を倭王《わおう》に任命するのです。

ここで、「武」と書かれている人物が、雄略天皇ではないかと考えられています。稲荷山古墳で見つかった鉄剣は、四七一年頃につくられたと推定されています。

ちょうど、武が宋の皇帝に使いを送った時代と一致しますね。『日本書紀』でも、雄略天皇の在位期間は五世紀後半とされているので、鉄剣や『宋書』の記述と矛盾しません。

こうして、さまざまな証拠を突き合わせてみると、雄略天皇が、当時の政権のトップに立っていることはほぼ確実だろうと考えられるので、教科書にもはっきりと書かれているわけです。

そして、雄略天皇の名前が刻まれた鉄剣が、埼玉と熊本で見つかっていることから、この時代の政権は、九州地方から関東地方あたりまでを支配していたと考えられているんですね。

ちなみに、私が学生の頃は、この頃の政権を「大和朝廷」と教わりましたが、現在の教科書では「大和王権」「大和政権」と書かれています。「朝廷」と書くと整った政治組織があるように思えますが、まだまだきちんとした組織にはなっていなかったからです。

初の女性天皇、推古天皇の時代に、政治のしくみが整う

今度は、初めての女性天皇に注目してみましょう。みなさんもよくご存じの推古《すいこ》天皇です。五九三年一月十五日（崇峻五年〈五九二年〉十二月八日）に即位した、第三三代の天皇です。

推古天皇は、第二九代の欽明《きんめい》天皇の皇女ですから、現在でいえば、愛子さまの立場と同じです。ということは、昔は、天皇は男性に限るというルールはなかったわけです。

推古天皇も含めて、日本には八人の女性天皇がいます。しかしそのうちの六人は、六世紀末から八世紀後半に集中しているのです。六人の最後の女性天皇は称徳《しょうとく》天皇で、奈良時代の七七〇年に崩御します。

それから長らく日本には女性天皇は誕生せず、七人目となる明正《めいしょう》天皇が即位したのは、江

戸時代に入った一六二九年。実に八百五十年以上も女性天皇が誕生しなかったのですね。ただし、それは明確なルールがあったからではありません。

話を推古天皇に戻しましょう。推古天皇の時代は、社会の教科書でも大きく扱われています。それは、この時代に日本の政治のしくみが大きく変わったからです。

推古天皇の父、欽明天皇の時代、中国、朝鮮半島を経て、仏教が日本に伝来します。当時の日本では、物部氏と蘇我氏が二大勢力として争っていました。このうち、仏教を積極的に受け入れたのは蘇我氏のほうです。物部氏は、日本古来の神様を大切にするべきだと訴え、仏教の受容には大反対でした。

そこに疫病《えきびょう》が発生し流行《はや》り出すと、物部氏は「蘇我氏が仏像を拝んで、日本古来の神様をないがしろにしたせいだ」と非難し、政治闘争が激しくなっていきました。

結局、六世紀後半に、蘇我氏が物部氏を攻め滅ぼし、政治の実権を握ります。その後、蘇我氏がつくったのが、奈良県にある飛鳥寺《あすかでら》(法興寺)ですね。

権力を握った蘇我氏は、次々と一族出身の后が生んだ皇子を天皇に即位させて、権力集中を図ろうとしました。そのために、崇峻《すしゅん》天皇の暗殺まで実行しました。その後に、蘇我氏が擁立したのが推古天皇だったのです。

蘇我氏の権力が強大とはいえ、当時の日本は氏族社会の寄せ集めで、国家の体《てい》を成していませんでした。

暗殺事件まで起きてしまうような政治的混乱を収めるためには、制度を整え、権力を集中させなければなりません。また、中国では隋《ずい》という大国が誕生したこともあって、国としてしっかりまとまる必要もありました。

そこで大活躍するのが、推古天皇の摂政《せっしょう》を務めた聖徳太子（厩戸皇子《うまやどのおうじ》）です。

推古天皇、聖徳太子、蘇我馬子《うまこ》がスクラムを組んで、冠位十二階の制、憲法十七条、遣隋使など、さまざまな施策を実行していきました。推古天皇時代になって、ようやく政治のしくみを整え始めるようになったわけです。

現代まで続く元号は「大化」から始まった

その結果、蘇我氏の力は強力になりました。聖徳太子も推古天皇も亡くなった後、蘇我馬子の息子である蝦夷《えみし》、孫の入鹿《いるか》が権力をふるいます。蘇我入鹿に至っては、聖徳太子の子である山背大兄王《やましろのおおえのみこ》の一族まで滅ぼしてしまいました。

その後起きた蘇我氏打倒に始まり、中央集権の国づくりを目指した一連の政治改革を、「大化の改新」といいます。

大化の改新の頃から現代まで続いているものが何だかわかりますか。それは「元号」です。日本最初の元号が、大化の改新の「大化」なのです。二〇一九年四月三十日で平成は終わり、五月から新しい元号に変わります。

大化の改新についても、現在は少し教え方が変わっています。昔は、大化の改新は六四五年と教わりました。しかし、今はそういうふうには教えないんですね。

大化の改新は、当時の中国の動向と密接にかかわっています。

推古天皇の在位中に、中国では隋が滅び、唐が建国されました。日本は、唐の進んだ文化や技術を学ぶために、六三〇年に遣唐使を派遣します。帰国した留学生は、唐が導入している中央集権的なしくみを伝えて、これを日本にも取り入れようという動きが起きていきます。

大化の改新の立役者である中大兄皇子《なかのおおえのおうじ》（のちの三八代、天智《てんじ》天皇）と中臣鎌足《なかとみのかまたり》は同じ塾に通って、中国の律令制《りつりょうせい》を学び、日本を改革する必要性を感じていました。そのためには、蘇我氏は邪魔者です。そこで中大兄皇子と中臣鎌足の二人は、蘇我入鹿を謀殺《ぼうさつ》し、入鹿の父である蝦夷も自殺に追い込んで、蘇我氏の本家を滅ぼしてしまうのです。これを現在は「乙巳《いっし》の変」と呼びます。

そして翌六四六年に、「改新の詔《みことのり》」というものが出されます。重要なのは次の四点です。

・公地公民：土地と人民は天皇のものにする

・国・郡・里という行政区画を設ける

・班田収授法：戸籍や計帳をつくって、土地を人民に与え、死んだら国に返還させる
・租・庸・調という新しい税制の導入

現在では、この一連の政治改革をまとめて「大化の改新」と呼ぶことになっています。だから、六四五年と限定しないわけです。

明治以前は、天皇の在位中に何度も元号が変わっていた

ここで少し寄り道をして、元号について説明しておきましょう。

先ほどお伝えしたように、日本の元号は、六四五年の「大化」から始まります。ですからそれ以前の時代には、元号は存在しませんでした。

では、元号はどういうときに変わってきたのでしょうか。「天皇が変わったとき」という答えは不正解です。

天皇一代の間に、元号は一つだけを使うというルールを「一世一元《いっせいいちげん》の制」といいます。この決まりは、明治になって定められたものです。戦前では、第一章でお話しした旧皇室典範（四六ページ）に、一世一元の制が明記されていました。

しかし戦後、日本国憲法を制定したときに、皇室典範も改正され、一世一元の制は一度なくなりました。その後、一九七九年になって、多くの人が元号を使い続けていることなどを考慮して、「元号法」という法律が制定され、元号は皇位の継承があったときに変わるという一世一元の制が復活したのです。

明治以前はどうだったかというと、天皇の在位中に何度も元号は変わっています。だから数も非常に多く、大化から平成までを数えると二四七もあるのです。今上天皇は、第一二五代目の天皇ですから、そのおよそ二倍の元号が使われてきたことになります。

なぜ、元号は頻繁に変わったのでしょうか。それは時代の流れを変えるためです。

たとえば、大きな天災が起きたり、疫病が流行ったりしたときに、改元をして、時代の流れを変えようとしました。だから、一人の天皇が何度も元号を変えたこともあります。南北朝時代の後醍醐《ごだいご》天皇や戦国時代の後花園《ごはなぞの》天皇は、八回も改元しているのです。

歴史学者の山本博文氏が書いた『元号　全２４７総覧』（悟空出版）という本は、さながら元号の百科事典のような内容になっています。

この本によると、これまでの元号でいちばん多く使われた漢字は「永」で二九回。その後に、「元」と「天」が二七回と続くそうです。もっと驚かされるのは、二四七回も元号が変わっているのに、使われた漢字はたったの七二文字だといいます。

改元のエピソードもユニークなものが数多くあります。たとえば、大化の後の元号は「白《はく》雉《ち》」。当時の孝徳《こうとく》天皇に白いキジが献上されたことがきっかけとなって行われた改元です。

日本と韓国の深い関係は桓武天皇の時代にもあった

さて、次に紹介したい天皇は平安時代の桓武《かんむ》天皇です。その理由は、現在の天皇陛下が過去に語られたお言葉と関係しています。

二〇〇一年のお誕生日に際して行われた記者会見の中で、天皇陛下に対して「歴史的、地理的にも近い国である韓国に対し、陛下が持っておられる関心、思いなどをお聞かせください」という質問がありました。ちょうど、翌年が日韓共同開催のサッカーワールドカップにあたる年だったからですね。

この質問に対して、天皇陛下は次のように語られました。

「日本と韓国との人々の間には、古くから深い交流があったことは、日本書紀などに詳しく記されています。韓国から移住した人々や、招へいされた人々によって、様々な文化や技術が伝えられました。宮内庁楽部の楽師の中には、当時の移住者の子孫で、代々楽師を務め、今も折々に雅楽を演奏している人があります。こうした文化や技術が、日本の人々の熱意と韓国の人々の友好的態度によって日本にもたらされたことは、幸いなことだったと思います。日本のその後の発展に、大きく寄与したことと思っています。私自身としては、桓武天皇の生母が百済の武寧王《むりょんわん》の子孫であると、続日本紀《しょくにほんぎ》に記されていることに、韓国とのゆかりを感じています。武寧王は日本との関係が深く、この時以来、日本に五経博士《ごきょうはかせ》が代々招へいされるようになりました。また、武寧王の子、聖明王《せいめいおう》は、日本に仏教を伝えたことで知られております。

しかし、残念なことに、韓国との交流は、このような交流ばかりではありませんでした。このことを、私どもは忘れてはならないと思います。

ワールドカップを控え、両国民の交流が盛んになってきていますが、それが良い方向に向かうためには、両国の人々が、それぞれの国が歩んできた道を、個々の出来事において正確に知ることに努め、個人個人として、互いの立場を理解していくことが大切と考えます。ワールドカップが両国民の協力により滞りなく行われ、このことを通して、両国民の間に理解と信頼感が深まることを願っております」

ここで語られているように、桓武天皇の母親は、百済の武寧王の子孫です。実際、平安時代に成立した『続日本紀』では、桓武天皇自身が「百済王らは朕《ちん》の外戚《がいせき》なり」と語っています。

武寧王が百済の王として統治していたのは、六世紀初頭。その息子である聖明王が日本に使いを送り、仏像や経典などを伝えて、当時の欽明天皇に仏教を勧めたのです。

それ以来、仏教は日本の政治に深くかかわり続けてきました。聖徳太子が制定したといわれる十七条憲法の第二条にも「篤《あつ》く三宝《さんぼう》を敬うべし。三宝とは仏法僧なり」とあります。

こういった過去の歴史に思いを馳せながら、天皇陛下は「両国民の間に理解と信頼感が深まることを願っております」と語られている、ということです。

二人の天皇が存在した南北朝時代

奈良時代、平安時代と続いてきた天皇を中心とした政治のしくみは、武家の世の中になってガラリと変わってしまいます。

鎌倉時代は源頼朝《みなもとのよりとも》が武士による鎌倉幕府を開いた武士政権の時代です。将軍源頼朝に忠誠を誓う武士（御家人《ごけにん》）が集まり、将軍を頂点にした政権でした。

この鎌倉幕府が滅びた後、日本には大変な事態が起こりました。南朝《なんちょう》と北朝《ほくちょう》で二人の天皇が存在する南北朝時代が訪れるのです。

鎌倉幕府を滅ぼしたキーパーソンの一人が、後醍醐天皇です。後醍醐天皇は、天皇中心の政治を復活させようとして、ひそかに倒幕《とうばく》計画を進めていました。でも、その計画が漏れてしまい、天皇は島根県の隠岐《おき》に流されてしまいます。それと同時に、後醍醐天皇から後村上天皇へと天皇も変わります。

しかし、そこで話は終わりません。御家人だった足利高氏《あしかがたかうじ》や新田義貞《にったよしさだ》が鎌倉幕府を攻撃し、ついに滅ぼしました。その後、後醍醐天皇は隠岐から脱出して、再び天皇に返り咲きます。

そして、天皇自ら政治を行おうとしました。これを「建武《けんむ》の新政」といいます。

ところが、後醍醐天皇は公家《くげ》びいきで、倒幕に貢献した武士たちにご褒美となる土地を与えなかったのです。

ここから、話が少しややこしくなります。倒幕の立役者である足利高氏は、功績が認められて、後醍醐天皇の諱《いみな》（本名）である「尊治《たかはる》」の「尊」という字を賜って、足利尊氏と名乗るようになりました。しかし、尊氏は武士の代表ですから、後醍醐天皇による処遇を不満に思った武士たちは、尊氏に不公平な事態の打開を願うようになります。でも、尊氏はなかなか腰を上げません。

そんな折、地方武士が先に反乱を起こしました。それを見た尊氏は、後醍醐天皇に、反乱軍鎮圧の勅許《ちょっきょ》（命令）を求めますが、天皇は許可をしませんでした。

ところが尊氏は、無許可で兵を率いて、鎌倉の反乱軍を鎮圧します。そして、そのまま鎌倉にとどまったのです。

尊氏の行動は、後醍醐天皇からすれば、裏切り行為です。そこで天皇は、新田義貞に尊氏討伐を命令し、尊氏と義貞は箱根で激突しますが、義貞は敗れてしまいます。さらに、後醍醐天皇の忠臣である楠木正成《くすのきまさしげ》を兵庫県の湊川《みなとがわ》の戦いで破り、京都を制圧しました。こうして建武の新政は短期間で崩壊してしまったのです。

尊氏は、すかさず後醍醐天皇とは対立関係にある光明《こうみょう》天皇を即位させます。一方、後醍醐天皇は京都を脱出して、奈良県の吉野に入り、そこで自分が正統な天皇であることを主張しました。つまり、京都の北朝と吉野の南朝という二つの朝廷ができてしまったのです。この南北朝時代は約六十年間続き、室町幕府の将軍、足利義満《よしみつ》の時代になって、ようやく統一されることになります。

北朝と南朝、どちらが正統？

「南北朝正閏論」とは

この章の冒頭（八六ページ）で、神話上の神武天皇から数えて、現在の天皇陛下は一二五代目にあたると説明しました。

ところが、この一二五人の中には、北朝の天皇は含まれていないのです。これは宮内庁のホームページにある「天皇系図」を見ると、確かめることができます。北朝の天皇には「北1」「北2」「北3」という番号が振られていて、南朝の天皇には後醍醐天皇以降、96、97、98と、それまでの天皇の代を継続した数が振られています。

これは、少し意外に感じられませんか？　私たちは、鎌倉幕府の次は室町幕府だと教わるし、室町幕府を開いたのは足利尊氏です。その尊氏が擁立した北朝の天皇こそが正統で、吉野に入った後醍醐天皇は苦しまぎれに、自分はまだ天皇だと主張しているようにも思えます。あるいは、どちらにも天皇がいたのだから、両方とも数に含めていいんじゃないか、という考え方もありそうです。天皇系図でも、「北1」「北2」という書き方とはいえ、系図には載っているので、北朝にも天皇が存在したことを否定しているわけではありません。

そもそも南北朝のどちらが正統なのかが大きな問題になったのは、明治に入って皇統を確定する必要が生じたからです。

日本史の詳しい参考書には、「南北朝正閏論《なんぼくちょうせいじゅんろん》」という項目で説明されています。「閏」という漢字には「正統でないあまりもの」という意味があります。

私たちに身近なところでは、「閏年《うるうどし》」といいますよね。ですから、「南北朝正閏論」とは、「南朝と北朝のどちらが正統で、どちらが正統でないかを決める議論」という意味です。

江戸時代初期までは、おおむね北朝が正統だと考えられていました。その常識をひっくり返したのが、江戸時代に水戸藩の編纂した『大日本史』という歴史書です。

『大日本史』では、天皇であることをしるしづける、代々伝えた三種の宝物である「三種の神器《じんぎ》」（八咫鏡《やたのかがみ》・八尺瓊勾玉《やさかにのまがたま》・草薙剣《くさなぎのつるぎ》）が南朝にあったことを根拠にして、南朝が正統であることを主張しました。

この水戸藩の主張が明治になっても影響力を持ったために、一九一一年に、天皇の裁断によって、南朝が正統だと決まったのです。そういう経緯の中で、天皇の皇統が確定されていったため、現在の天皇系図でも、南朝の天皇が一二五代の中に数え入れられているのです。

戦国時代の天皇が経験した財政危機

二〇一六年から一七年にかけて、呉座勇一《ござゆういち》さんの『応仁の乱』（中公新書）が大ベストセラーとなりました。

「応仁の乱」が始まった一四六七年は、後土御門《ごつちみかど》天皇が即位してから三年後にあたります。応仁の乱は武家が繰り広げた大乱ですが、その余波は天皇にも及びました。

戦乱の真っ只中に置かれた後土御門天皇は、自分の無力に絶望して、何度も譲位を希望したといいます。ところが、譲位をさせてもらえなかった。大乱のせいで、朝廷の懐事情も厳しく、譲位や即位の儀式をする資金さえままならなかったからです。また、公家の多くが戦乱を避けて、地方に下っていたという事情もあります。

結局、後土御門天皇の願いはかなわず、一五〇〇年に崩御します。気の毒なことに、後土御門天皇崩御の後、朝廷は、財政不足のためにすぐに葬儀を執り行うことができませんでした。葬儀が執り行われたのは、死後四十三日目のことで、幕府から一万疋《ひき》（約一〇〇〇万円）が献上されてようやく葬儀の準備ができるようになったのです。

朝廷の厳しい財政は、その後も続きます。後土御門天皇の後に即位した後柏原《ごかしわばら》天皇は、財政窮乏《きゅうぼう》のため、すぐに即位式を挙げることができませんでした。即位したのは一五〇〇年ですが、一五二一年になってようやく即位式を挙げることができました。

戦国時代の天皇は、譲位もままならず、即位式も葬儀もすぐに挙げられなかった。それほどの財政危機に瀕していたのです。

孝明天皇の時代にペリーの来航、開国まで大きく動いた

時代は下って、江戸時代、幕末のマシュー・ペリーの黒船来航です。一八五三年にペリーは、アメリカ大統領フィルモアの国書をたずさえて、鎖国をしていた日本に来航し、開国を迫りました。日本はペリーの強硬な態度に押されて国書を受け取り、翌年回答することを約束します。

江戸幕府の老中を務めていた阿部正弘《あべまさひろ》は、ペリー来航の一件を朝廷に報告し、諸大名や幕臣にも意見を求めました。これはそれまでの幕府としては考えられない態度でした。

そして一八五四年、再びペリーがやってきて、条約締結を迫ります。その強い態度に、幕府も断ることができず、「日米和親条約」を結びました。

ただ、日米和親条約は貿易を約束する条約ではありません。アメリカ船への燃料や食料、水の供給、遭難船や乗組員の救助、下田と箱館《はこだて》（現在の函館）の開港、領事の駐在を認めるという内容の条約でした。

問題は、一八五六年にアメリカ総領事のタウンゼント・ハリスから求められた、両国間の入国や居住、関税その他の輸出入に関する事項などについて取り決める通商条約の締結です。当時の日本では、開国派と攘夷《じょうい》派とが激しく対立をしていました。攘夷とは、幕末期に広まった、外国人を排除しようという考えのことです。

老中を務めていた堀田正睦《ほったまさよし》は、反対派を抑えるために、朝廷の力を頼り条約締結に踏み切ろうとします。しかし、それが裏目に出てしまいます。当時の孝明天皇は筋金入りの攘夷派でしたから、条約締結を認めません。

そこでやむをえず、大老を務めていた井伊直弼《いいなおすけ》の判断により、幕府の独断でアメリカと「日米修好通商条約」を結んで

米海軍のペリー提督

ⓒ Avalon/時事

しまいます。

歴史の教科書でも説明されているように、この条約は、日本にとって不平等な条約でした。日本の関税自主権は認められず、日本に滞在する外国人の裁判は、本国の法に基づいてアメリカ領事が行うという領事裁判権も飲まされました。


幕府はその後、オランダ、ロシア、イギリス、フランスとも、同様の条約を締結します。その対応に激怒した孝明天皇は、幕府と「尊皇攘夷《そんのうじょうい》」の急先鋒だった水戸藩に、条約調印の再考を促す命令を下しました。

朝廷から個別の藩に命令が下ることは、当時としては考えられないことであり、幕府として黙認できるものではありません。そのため、井伊直弼は関係者の捜索に乗り出し、尊皇攘夷派を徹底的に弾圧しました。これが、吉田松陰《よしだしょういん》が死罪となった「安政の大獄《たいごく》」です。

しかし、この大弾圧に逆上した尊皇攘夷運動を行った水戸藩の浪士《ろうし》たちは、一八六〇年三月二十四日（安政七年三月三日）、江戸城桜田門外で井伊直弼を襲って暗殺してしまいます（桜田門外の変）。

孝明天皇の崩御は一八六七年一月三十日（慶応二年十二月二十五日）。その年、満十四歳の明治天皇が即位します。それから約九カ月後に、最後の将軍徳川慶喜が政権返上を明治天皇に奏上した「大政奉還」があり、江戸幕府は終わりを告げました。

この章で取り上げた天皇は、一二五代のうちのごくわずかにすぎません。それでも歴代の天皇にはそれぞれ個性があり、置かれた状況もさまざまだったことがわかると思います。

なぜ、日本の天皇は途切れることなく続いてきたのか。明確な答えはわかりませんが、時代を通じて、日本という国に暮らす人々は、心のどこかで天皇という存在の必要性を感じ取っていたのかもしれません。

私自身も子供の頃に、「どうして天皇制があるんだろう?」と疑問に思ったことがあります。別に反対していたわけではありませんが、天皇制がある理由がよくわかりませんでした。

しかし、だんだん年をとるにつれて、天皇という存在があるから、日本はいざというときにまとまることができる、と考えるようになってきました。

現代も、政権が変わっても、天皇が首相を任命しています。そういうことの積み重ねが、日本の持続性を担保しているのです。

第四章 天皇と皇室の仕事

天皇陛下はどのような仕事をされていらっしゃるのでしょうか。

憲法で天皇が行うものと決められている「国事行為」、国の象徴として行う「公的行為」、被災地へのお見舞いや宮中祭祀などの「その他の行為」とその仕事内容は多岐にわたり、多忙を極めています。

国事行為で多忙な天皇のデスクワーク

この章では、天皇や皇后のお務めや皇室のさまざまな活動を見ていきましょう。

第一章では、日本国憲法によって、天皇の国事行為が定められていることを説明しました。

ただ、これは天皇の活動は国事行為「だけ」に限られるという意味ではありません。一般的に、天皇の活動は次の三種類に分けられます。

①国事行為

②公的行為

③その他の行為

「公的行為」というのは、国会の開会式でのお言葉や被災地のお見舞い、式典への出席、外国公式訪問などが含まれます。そして、のちほど詳しく説明する宮中祭祀《きゅうちゅうさいし》は「その他の行為」に分類されます。

そこで以下では、この三種類から代表的な公務の内容を取り上げて、日々、天皇陛下がどのようなお務めをされているのかを説明します。

最初は、「国事行為」です。第一章の復習になりますが、憲法第七条には、「天皇は、内閣の助言と承認により、国民のために、左の国事に関する行為を行ふ」と定められ、憲法改正、法律、政令及び条約の公布、国会の召集、衆議院の解散、総選挙の施行の公示、大臣の任命などの項目が挙げられています。

では、天皇はこうしたお務めをどこでどのようになさっているのでしょうか。実は、その多くは、皇居にある「表御座所《おもてござしょ》」という建物の中でのデスクワークになります。

曜日は火曜日と金曜日の午後と決まっています。なぜかというと、原則として、火曜日と金曜日の午前中に閣議が開かれるからです。

閣議では、内閣総理大臣と国務大臣全員が集まって、政府がしなければいけないことを決定します。決定すると、そこで決裁された書類がすぐに内閣から宮内庁に届くので、天皇陛下はそれらに署名したり、許可印を押したりするのです。

一見、簡単な仕事のように思えるかもしれませんが、なんといっても量が膨大です。年間では一〇〇〇件以上になるといわれています。

今回対談した、元侍従長の渡邉充《わたなべまこと》さんによると、書類の内容を見ずに署名をしたり、許可印を押したりせず、必ずどの文書にもきちんと目を通し、納得した上で署名捺印をされるといいます。

では、天皇が地方へお出かけになっているときはどうするのでしょうか。その場合は、内閣府の事務官が電車や飛行機で、書類をその日の夕方までに届け、天皇はホテルに戻られてから、それらに署名捺印をすることになります。

天皇の認証を必要とする「認証官」の任命

憲法に定められている国事行為の中で、頻繁に行われるのが「認証官」の任命です。「認証官」とはあまり聞き慣れない言葉かもしれません。これは、天皇の認証を必要とする国務大臣や官吏《かんり》（役人）のことをいいます。具体的には、国務大臣や副大臣、さまざまな特命全権大使、最高裁判所判事、検事総長、公正取引委員会委員長などが認証官に含まれます。

こうした役職に就いた人々を任命する儀式を「認証官任命式」といいます。年によって人数の違いはありますが、年間を通じて、一〇〇人前後の認証官を任命します。

たとえば、衆議院を解散して総選挙が行われたあとには、新しい内閣が誕生します。そうすると、認証官任命式が開かれるわけです。

憲法第六条第一項には、「天皇は、国会の指名に基いて、内閣総理大臣を任命する」とあります。

実際の内閣総理大臣親任式（任命の儀式）も、この決まりをなぞるように行われます。まず、衆参両院議長が皇居の中にある宮殿に来て、「国会で○○○○を内閣総理大臣に指名いたしました」と天皇に報告します。その次には、前総理大臣が来て、「○○○○を新しい内閣総理大臣として任命していただきたい」と言うと、天皇は新しい内閣総理大臣の辞令に署名され、侍従職の職員が御璽《ぎょじ》（天皇の公印）を捺《お》して、「親任式」が行われるのです。

親任式では、新しい内閣総理大臣に指名された者が陛下の前に進み、陛下から「内閣総理大臣に任命します」というお言葉をいただきます。ここでようやく新しい内閣総理大臣が誕生したことになるわけです。

では、その他の国務大臣は誰が任命するのでしょうか。憲法では「内閣総理大臣は、国務

親任式で天皇陛下から任命を受ける安倍晋三内閣総理大臣

2017年11月1日　©時事

大臣を任命する」と決められています。つまり、天皇は内閣総理大臣を任命し、内閣総理大臣は国務大臣を任命するというしくみになっているのですね。

そこで、総理大臣の任命が終わると、それぞれの閣僚に対する認証官任命式が行われ、天皇の前で、内閣総理大臣から各閣僚に辞令が手渡されます。このとき、陛下からは、一人一人に「重任、ご苦労に思います」というお言葉があります。

各国の大使を認証する
信任状捧呈式

第一章四四ページで取り上げた「信任状捧呈式」も、天皇の重要な国事行為です。すでに説明したように、各国の大使は、自分の国の元首から天皇陛下に宛てて出された「この者を大使として認めてください」ということを記した信任状を持って着任し、それを陛下に捧呈（提出）します。この信任状捧呈式を終えて初めて、大使として正式に任務を行うことができるようになるのです。

宮内庁のホームページでは、その年に行われた信任状捧呈式の一覧を見ることができます。だいたい平均すると、一年に三〇件前後ぐらい、信任状捧呈式が行われているようです。

信任状捧呈式の様子は、元侍従長の渡邉允さんが書かれた『天皇家の執事』（文春文庫）に詳しく書かれています。興味深いのは、天皇陛下と大使との間で交わされる会話です。

信任状捧呈式の場では、まず陛下が大使に「このたび新たに大使をお迎えして、両国の友好関係がいっそう増進されることを希望します」といった内容のお言葉をかけられます。

それに対して、たいていの大使は、「我が国の国王（あるいは大統領）から、陛下によろしくとのことでした」という、国の元首からの伝言を陛下にお伝えします。それから「国王陛下はお元気ですか」といったことを陛下が聞かれ、しばらく会話が行われるそうです。

たとえば「日本は初めてですか」とか、あるいは、大使が以前日本に来たことがある場合、「以前に日本に来たのは、どういう理由でしたか」などといったことを質問されるのですね。

多くの大使が最初は緊張するけれど、会話をしているうちに、だんだんと緊張がとけていき、最後には自然と笑顔が出てくるようになるのだといいます。

さあ、それでは日本から大使が派遣される場合は、どのような手続きを踏むのでしょうか。大使は先ほど説明した「認証官」なので、宮殿で認証官任命式が執り行われます。このときに、天皇から赴任国の元首に対する伝言をいただくのですね。そして、大使が現地の元首に信任状を提出する際に、その伝言をお伝えするのです。

天皇の公的行為で最も多いのが「拝謁」

ここからは、天皇の「公的行為」について見ていきましょう。

公的行為とは、国事行為にはあてはまらないが、公的な意義が認められる活動のことをいいます。国会の開会式への臨席や被災地のお見舞い、春と秋に行われる園遊会、宮中晩餐、外国訪問、全国規模の式典への出席など、活動の種類は多岐にわたります。

その中で、最も頻繁に行われるのが「拝謁《はいえつ》」です。「拝謁」とは、天皇皇后両陛下にお会いすることですね。拝謁は宮殿で行われ、その数は年間一〇〇件前後にのぼります。

拝謁の多くは長年続けられてきた恒例のもので、その対象も「農林水産祭天皇杯受賞者等」「警察大学校警部任用科学生」「優良公民館代表者」「法務省矯正職員代表」「申告納税制度普及発展尽力者」「自衛隊高級幹部会同に参加する統合幕僚長等」「神宮及び勅祭社宮司等」などさまざまです。

拝謁の中で最も人数が多いのは、勲章《くんしょう》と褒章《ほうしょう》を授与された受章者の拝謁です。毎年、春と秋に行われます。勲章の受章者は、春と秋それぞれ四〇〇〇人前後で、さらに褒章の受章者の拝謁も行われるので、全体で六日間もかかるのです。

拝謁は、毎年四月二十九日を過ぎた連休明けの時期と、十一月三日の文化の日を過ぎた時期に行われ、この時期になると、受章者の乗ったバスが何台も皇居の中を出入りすることになります。

細かいことですが、勲章や褒章の授与自体は、「栄典を授与すること」という国事行為にあたります。具体的には、内閣官房から文書が届くので、デスクワークでそれに裁可の印を押すことが国事行為の「栄典の授与」であって、受章者の方々の拝謁は公的行為になるのですね。

拝謁と似た公的行為として、「ご会釈」というものもあります。たとえば、皇居と赤坂御用地で、草むしりや、清掃、庭園作業などを行う「皇居勤労奉仕」をご存じでしょうか。

これは、全国各地から団体を組んで上京するボランティアの方々のことです。勤労奉仕は平日四日間連続で作業をします。天皇は皇居にいらっしゃるかぎりは、その四日の間に必ず一度は奉仕の方々とお会いになり、お礼をおっしゃいます。これを「ご会釈」といって、月に七回や八回ぐらい行われます。

勤労奉仕に参加するのに、特別な資格はいりません。個人単位では申し込めませんが、一五～六〇人の団体ならば申し込むことができます。詳しい案内は、宮内庁のホームページに掲載されているので、興味のある方はご覧になってみてください。

ニュースなどでよく報じられるのが、毎年、春と秋の二回、赤坂御苑で開かれる園遊会です。内閣総理大臣を始め、立法、行政、司法の主だった機関からの招待客のほか、産業、文化、スポーツ、芸能、社会事業などで功績を残した招待客など約二五〇〇人が、配偶者らと共に、園遊会に招かれます。

二〇一八年四月二十五日に開かれた春の園遊会では、平昌《ピョンチャン》オリンピックで金メダルを獲得したフィギュアスケート男子の羽生結弦《はにゅうゆづる》選手、国民栄誉賞を受賞した将棋の羽生《はぶ》善治氏、囲碁の井山裕太氏らが出席し、陛下と懇談しました。

陛下は、園遊会に出られる方の名簿やプロフィールを、事前に一通りご覧になっているといいます。つまり、事前にきちんと勉強されてから臨んでいらっしゃるわけです。

被災地、避難所のご訪問で国民の思いに寄り添う

天皇の公的活動の中で、平成の時代に特に多くなったものに、被災地、避難所のご訪問と、第二次世界大戦にかかわる「慰霊の旅」という二つの活動があります。

平成は昭和に比べて、大規模な天災が頻繁に起きました。

まず、一九九〇年十一月十七日に、長崎県の雲仙普賢岳《うんぜんふげんだけ》が突然噴火し、小規模な噴火を繰り返したあと、山頂付近に巨大な溶岩ドームができました。翌九一年六月三日、このドームの一部が崩れて大規模な火砕流が起こり、四〇人以上が犠牲になりました。また、多くの家屋が焼失あるいは倒壊し、住民は避難所で不安な日々を過ごすことになりました。

天皇陛下と皇后陛下は、同年七月十日にこの避難所にお見舞いに行かれました。当時はま

だ、雲仙普賢岳が再噴火するかもしれないような状況でした。それでも陛下の強いご希望で、お見舞いが実現したのです。

避難所の体育館では、陛下はシャツを腕まくりして膝をついて、被災者の方々に声をかけられました。その姿は、当時としては考えられないことだったので、私も衝撃を受けました。お見舞いのあとには、「どうして天皇陛下にあんなことをさせたんだ」という抗議もあったといいます。

一九九五年に、阪神・淡路大震災が発生した際にも、天皇陛下は同じように、膝をついて被災者をお見舞いされました。

当時のことはよく覚えています。というのは、当時の村山富市《むらやまとみいち》総理大臣がお見舞いされる姿とまったく違っていたからです。

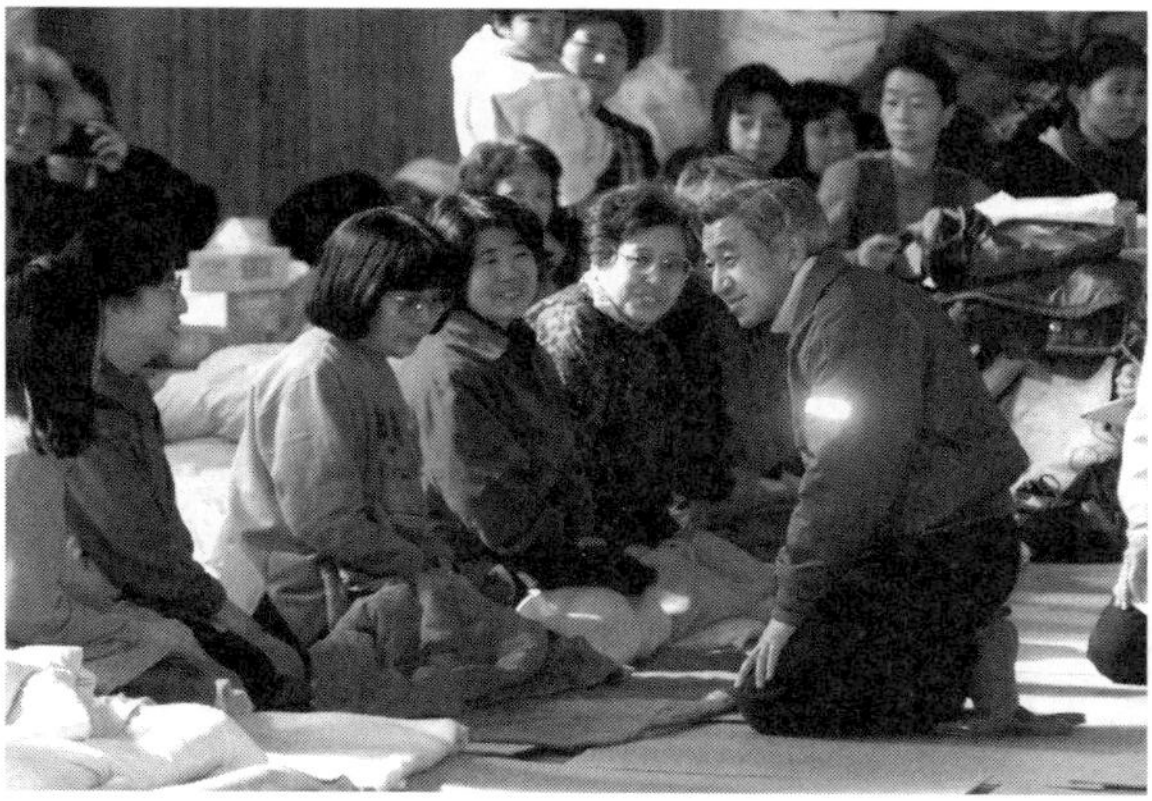

避難所で被災者を励まされる天皇陛下
（兵庫・芦屋市の精道小学校）

1995年1月31日　ⓒ時事

陛下がお見舞いされる少し前に、村山総理も、避難所となっていた体育館にお見舞いに行きました。しかし、膝をついて声をかけるどころか、「いやいや、どうもお疲れ様です。ご苦労様です」と、被災者たちの間を歩いて通り過ぎただけでした。その対応に非難が浴びせられました。その後反省したのでしょう。次に村山総理が訪問したときは、膝をついて話をしていました。

その後も、二〇〇四年に起きた新潟県中越地震や二〇一一年の東日本大震災のあとに、同じように被災地にお見舞いに行かれ、被災者に声をかけられました。涙を流しながら両陛下と話をする被災者も大勢いました。

両陛下がお見舞いをする場合、ほとんどは日帰りで行かれます。それは、できるだけ受け入れ側に負担をかけたくないという思いがあるからです。

二〇一六年八月、退位のお気持ちを伝えた「おことば」の中には、次のようなくだりがあります。

「私が天皇の位についてから、ほぼ二十八年、この間《かん》私は、我が国における多くの喜びの時、また悲しみの時を、人々と共に過ごして来ました。私はこれまで天皇の務めと

して、何よりもまず国民の安寧と幸せを祈ることを大切に考えて来ましたが、同時に事にあたっては、時として人々の傍らに立ち、その声に耳を傾け、思いに寄り添うことも大切なことと考えて来ました」

「同時に事にあたっては、時として人々の傍らに立ち、その声に耳を傾け、思いに寄り添うことも大切なことと考えて来ました」というおことばは、さまざまな被災地のご訪問を念頭に置かれていたのではないでしょうか。

いいえ、被災者のお見舞いばかりではありません。陛下は即位十年にあたり行われた記者会見（一九九九年十一月十日）で「障害者や高齢者、災害を受けた人々、あるいは社会や人々のために尽くしている人々に心を寄せていくことは、私どもの大切な務めであると思います。福祉施設や災害の被災地を訪れているのもその気持ちからです」と述べられています。

障害者や高齢者のような弱い立場にある人を思いやる気持ちが、象徴天皇として大切なことだとお考えになっていることがわかります。

このように、両陛下は常に、国民の思いに寄り添い、国民と共にあろうとされてきました。

そのことによって、どれだけの人が勇気づけられたことでしょう。

そういう積み重ねの中で、私たちも、日本国の象徴、国民統合の象徴というのは、こういう活動をされる人なんだということがわかるようになってきました。

おそらく陛下ご自身も、憲法を何度も読む中で、日本国民統合の象徴であるとはどういう意味なのだろうかとずっと考えられながら、被災地へのお見舞いなどを通じて、象徴天皇の役割を確かめてこられたのだと思います。

戦没者の追悼を重視した
両陛下の慰霊の旅

では、公的活動の二つ目の「慰霊の旅」とはどういうものでしょうか。

天皇陛下は、皇太子時代の記者会見で、日本では、どうしても記憶しなければならない日が四つあると語られました。

沖縄戦で日本の組織的抵抗が終わった六月二十三日、広島に原爆が投下された八月六日、長崎に投下された八月九日、終戦の玉音《ぎょくおん》放送のあった八月十五日の四つです。これらの日になると、それぞれの慰霊祭の行われる時刻に合わせて、毎年黙禱をする、ともおっしゃいました。

陛下が、戦没者の追悼をきわめて大切なことだとお考えになっていることは、二〇〇六年のお誕生日に際して行われた記者会見からもわかります。少し長くなりますが、そのまま引用しましょう。

「戦没者の追悼は極めて大切なことと考えています。先の大戦では三一〇万人の日本人が亡くなりましたが、毎年八月一五日にはこれらの戦陣に散り、戦禍に倒れた人々のことに思いを致し、全国戦没者追悼式に臨んでいます。戦闘に携わった人々も、戦闘に携わらなかった人々も、国や国民のことを思い、力を尽くして戦い、あるいは働き、亡くなった人々であり、今日の日本がその人々の犠牲の上に築かれていることを決して忘れてはならないと思います。

原爆死没者慰霊碑を訪れ、一礼する天皇・皇后両陛下
（広島・広島市の平和記念公園）

1995年7月27日　ⓒ時事

私どもは今までに、軍人と民間人合わせて一八万六千人以上の人々が亡くなった沖縄県や、二万二千人近くの軍人が亡くなった硫黄島、そして昨年の戦後六〇年に当たっては、軍人と民間人合わせて約五万五千人の人々が亡くなったサイパン島を追悼の気持ちを込めて訪れました。救援の手が及ばない孤立した状態で、食糧や水も欠乏し、死者や負傷者の続出する中で、特に硫黄島では地熱に悩まされつつ、敵の攻撃に耐えて戦ってきた人々の気持ちはいかばかりであったか、言葉に言い表せないものを感じています。また原子爆弾を受けた広島市と長崎市は、熱風と放射能により、広島市ではその年のうちに約一四万人、長崎市では約七万人が亡くなりました。生き残った人々も後遺症に悩み、また受けた放射能により、いつ病に襲われるか分からない不安を抱いて過ごさねばなりませんでした」

天皇陛下がお生まれになったのは、一九三三年ですから、戦争のことはよく覚えていらっしゃいます。しかも皇太子ですから、自分の父親の時代に起きてしまった戦争を、どのように受け止めたらいいのかということもずっと考えてこられたのではないでしょうか。

その一つのお答えが、さまざまな激戦地に慰霊に行かれることだったと思います。

記者会見の引用にあるように、両陛下は、一九九四年に硫黄島を訪れました。終戦五十年となる翌一九九五年には、長崎と広島、沖縄を訪れ、終戦六十年の二〇〇五年にはサイパン島をご訪問。さらに終戦七十年となる二〇一五年はパラオ・ペリリュー島、二〇一六年にはフィリピンを訪れ、戦没者の慰霊をなさっています。

海外をご訪問したときには、そこで亡くなった日本軍兵士や日本人だけではなく、アメリカ側の兵士、あるいはそこで巻き込まれて亡くなった現地の人たちに対する慰霊も必ずなさいます。

おそらく今や、多くの人々がペリリュー島で激戦があったことは知らないでしょう。高齢の身でペリリュー島まで足を運ばれたことは、悲惨な戦争の記憶を忘れてはいけないという国民に向けたメッセージだったのかもしれません。実際、二〇一五年のお誕生日に際して行われた記者会見で、陛下はこう語られています。

「この一年を振り返ると、様々な面で先の戦争のことを考えて過ごした一年だったように思います。年々、戦争を知らない世代が増加していきますが、先の戦争のことを十分に知り、考えを深めていくことが日本の将来にとって極めて大切なことと思います」

天皇の一年は宮中祭祀の「四方拝」から始まる

ここまで、天皇の代表的な「国事行為」と「公的行為」について解説しました。冒頭で少し触れたように、「その他の行為」の中には、天皇の「お祈り」である宮中祭祀が含まれます。戦前では、宮中祭祀は国家の重要な行事でしたが、戦後は政教分離の原則の下で、神道《しんとう》の儀式は皇室のプライベートな活動と考えられるようになりました。

そのせいもあって、おそらく多くの日本人は、宮中祭祀がどのようなものなのか、あまり知らないのではないでしょうか。

そこで、いくつかの主たる宮中祭祀を簡単に紹介していきましょう。

天皇陛下の一年は、「四方拝《しほうはい》」という宮中祭祀で始まります。四方拝とは、元日の早朝五時半に、皇居内にある神嘉殿《しんかでん》という建物の南庭で、天皇陛下が伊勢神宮、山陵及び天地四方の神々をご遙拝になる儀式のことです。

四方拝が終わると、今度は宮中三殿に移られて、「歳旦祭《さいたんさい》」の拝礼をなさいます。宮中三殿とは、賢所《かしこどころ》、皇霊殿《こうれいでん》、神殿という神様が祀《まつ》られている場所の総称です。

中央の賢所では、皇祖である天照大御神《あまてらすおおみかみ》が祀られています。向かって左が皇霊殿で、歴代の天皇と皇族の御霊が祀られています。右側の神殿には、国中の神々、いわゆる八百万《やおよろず》の神が祀られています。元旦に、この宮中三殿を、賢所、皇霊殿、神殿という順番で拝礼するのが「歳旦祭」の拝礼です。

少し話は逸《そ》れますが、天皇陛下も宮中もお正月休みはありません。逆に、一年で最も忙しい時期といえるかもしれません。

四方拝、歳旦祭が終わると今度は宮殿で、新年祝賀の正式な儀式や行事が次々と行われます。皇太子同妃両殿下を始めとした皇族の方々、内閣総理大臣や衆参両院の議長、最高裁判所長官など、立法・司法・行政の要人、東京に駐在する各国大使がやってきて、両陛下にご挨拶をしたり、祝意を述べたりするのです。

翌一月二日は、みなさんもよく知っている「一般参賀」があります。ここ数年、参賀者の数は七万〜八万人前後でしたが、二〇一七年は九万六七〇〇人、二〇一八年は一二万六七二〇人と、大変な数の人が参賀にやってきました。

三日には、「元始祭《げんしさい》」という祭祀が宮中三殿で行われます。「元始祭」は、両陛下が国家国民の繁栄をお祈りになる祭祀です。さらに四日には、「奏事始《そうじはじめ》」といって、宮内庁で宮中祭祀を司《つかさど》る掌典職《しょうてんしょく》のトップである掌典長が、伊勢神宮と宮中の祭事について、天皇陛下に報告する行事があります。これも宮中祭祀の一つです。

各分野の講義を行う「講書始の儀」と「歌会始の儀」

宮中祭祀ではありませんが、一月の半ばには「講書始《こうしょはじめ》の儀」と「歌会始《うたかいはじめ》の儀」という二つの行事があります。「歌会始」に比べると「講書始の儀」はあまり知られていないかもしれません。

講書始の儀では、人文科学・社会科学・自然科学の分野からそれぞれ一人、合計三人の学界の権威が順番に、自分の専門分野のテーマについて両陛下にご進講するものです。

実は、この講義のテーマや内容は、宮内庁のホームページに掲載されています。過去三年のご進講の内容は次のようになっています。

【二〇一八年】

・対馬宗家文書からみた江戸時代の日朝貿易（進講者：田代和生）

・意識をつむぐワーキングメモリ（進講者：苧阪直行）

・太陽エネルギーと光触媒（進講者：藤嶋昭）

【二〇一七年】

・人は今を生きることができるか――パスカルの時間論（進講者：塩川徹也）

・当代中国研究――系譜と挑戦（進講者：毛里和子）

・ゲノムから見た人間、人間社会（進講者：榊佳之）

【二〇一六年】

・西洋中世修道院の文化史的意義（進講者：佐藤彰一）

・技術と労働と生産性の関係について（進講者：猪木武徳）

・宇宙はどのように始まったのか?――現代物理学が描く創世記――（進講者：佐藤勝彦）

歴史的に見ると、この講書始は明治天皇が学問の奨励のために始められたもので、最初は、『論語』や『万葉集』など漢書と国書についての講義が行われていました。やがてこれに洋書が加わり、戦後になると、人文科学、社会科学、自然科学の三分野についての講義が行われるようになったのです。

歌会始は、名前のとおり、宮中で催される新年最初の歌の会のことです。毎年一月に、その年の歌会始の終わりに、翌年のお題が発表されます。お題は陛下がお決めになり、二〇一九年のお題は「光」、二〇一八年、二〇一七年はそれぞれ「語」と「野」でした。

お題が発表されると、それを詠み込んだ歌が、毎年二万首前後、宮内庁に送られてきます。年代は中学生、高校生から七、八十代の人までさまざまです。これらの中から選者会議で一〇首が選ばれ、歌会始で披露されることになります。

宮中祭祀の中でも重要な「新嘗祭」と「大嘗祭」

宮中祭祀に話を戻しましょう。

先ほど説明したように、天皇陛下の宮中祭祀は、元旦の四方拝から始まり、年間でおよそ三〇回以上執り行われます。それらの中には、春分の日（春季皇霊祭《しゅんきこうれいさい》）、秋分の日（秋季皇霊祭《しゅうきこうれいさい》）、勤労感謝の日（新嘗祭《にいなめさい》）など、国民の祝日になっているものも少なくありません。

春と秋にある「皇霊祭」では、天皇が皇霊殿で、歴代の天皇、皇后、皇族など御先祖様の霊を祀ります。

数ある宮中祭祀の中でも、最も重要な儀式とされているのが、十一月二十三日に執り行われる新嘗祭です。

新嘗祭とは、一言でいうと収穫のお祭りです。天皇が新穀《しんこく》（その年にとれたお米）を神々にお供えになり、ご自分でも召し上がって収穫を感謝します。宮中だけではなく、伊勢神宮や出雲《いずも》大社でも、新嘗祭は行われます。

宮中では、まず神嘉殿という建物で、十一月二十三日の夕方六時から八時まで「夕《よい》の儀」があり、その後、三時間おいて夜の十一時から翌二十四日の午前一時まで、今度は「暁《あかつき》の儀」を行います。「夕の儀」「暁の儀」ともに、天皇陛下は二時間正座されたまま、新穀などを神々にお供えをして、ご自身で新穀を召し上がるのです。

新嘗祭の歴史は古く、飛鳥時代から行われていたと考えられています。その後、奈良時代になると、天皇が即位後初めて行う新嘗祭を「大嘗祭《だいじょうさい》」と呼んで、特別にお祀りするようになるわけです。

新嘗祭神嘉殿の儀

2013年11月23日　ⓒ宮内庁

大嘗祭は、それまでの準備も実際の儀式も大変に大掛かりなものです。大嘗祭を行う年には、特別な水田（斎田）を二つ決めて、儀式用に特別のお米を育てなければなりません。そしてこの特別な水田は、亀の甲羅を用いた占いによって、東日本と西日本から一つずつ決めるのです。

さらに大嘗祭は、宮中三殿ではなく、大嘗祭のためだけに建てられる「大嘗宮《だいじょうきゅう》」という宮殿で行われます。この大嘗宮は、大嘗祭が終わると撤去されることになります。

儀式の内容は、新嘗祭とよく似ています。神々に穀物をお供えして、自分も一緒に食べる。これを「悠紀殿《ゆきでん》」と「主基殿《すきでん》」という二つの殿舎《でんしゃ》で行います。

今上天皇の大嘗祭も、一九九〇年十一月二十二日深夜から二十三日未明にかけて行われました。そして二〇一九年十一月十四、十五日には、新しい天皇の即位に伴って大嘗祭が執り行われることになっています。

現代まで受け継がれている三種の神器とは？

大嘗祭は、新しい天皇の即位に伴う締めくくりとなる祭典儀式です。では、即位に関する儀式は、ほかにどのようなものがあるのでしょうか。

現在の皇太子さまは、二〇一九年五月一日に新天皇に即位されます。その日に行うのが、「剣璽等承継の儀《けんじとうしょうけい》」という儀式です。

この儀式では、三種の神器のうちの草薙剣《くさなぎのつるぎ》、八尺瓊勾玉《やさかにのまがたま》と共に、公務で使う天皇の印鑑である御璽《ぎょじ》と国家の印鑑である国璽《こくじ》が新天皇に引き継がれます。

三種の神器とは、八咫鏡《やたのかがみ》と呼ばれる鏡、草薙剣と呼ばれる剣、八尺瓊勾玉と呼ばれる勾玉のことです。

第三章の八九ページで、日本の神話について説明しましたね。アマテラスの命令で、孫であるニニギが、日本の国土を統治するために、天の世界である高天原から地上に降りてくる。このとき、アマテラスは三種の神器と稲穂をニニギに渡したと『古事記』には書かれています。だから、三種の神器を持っていることが天皇の証となるわけです。

現在、鏡は伊勢神宮に、剣は熱田神宮に祀られています。一方、皇居には、鏡と剣の形代《かたしろ》（「分身」のようなもの）と、勾玉があります。「剣璽《けんじ》」というのは、このうちの剣と勾玉のことです。

「御璽」は、天皇がデスクワークのときに使う天皇の印鑑です。国璽は国家の印鑑ですが、現在は、勲章の証書だけに使われています。

「あれ、鏡は引き継がないの？」と思う人もいるかもしれません。実は鏡は、宮中三殿の一つ「賢所」の神体（神霊が宿っているもの）であるため、この儀式では動かさないのです。

「剣璽等承継の儀」が終わると「即位後朝見の儀《そくいごちょうけんのぎ》」、別の日に「即位礼正殿の儀《そくいれいせいでんのぎ》」と呼ばれる儀式があります。

「即位後朝見の儀」は、天皇が即位して初めて、行政、立法、司法という三権の長を始め、国民を代表する人たちに会われる儀式で、二〇一九年五月一日の「剣璽等承継の儀」に引きつづき行われます。

その後、二〇一九年十月二十二日に開かれる「即位礼正殿の儀」は、即位を日本の内外に宣明する儀式なので、各国の国家元首や首脳が参列します。

ほかにもさまざまな儀式がありますが、それらを経て、締めくくりとして大嘗祭が行われるのです。

※日程は二〇一八年四月十九日現在の発表に基づいています。

天皇以外の皇族の方々にも共通したご公務はある

ここまで見てきたように、天皇には国事行為や公的行為、そして宮中祭祀を始めとするその他の行為も含めて、その活動は非常に多岐にわたっていることがわかります。

では、天皇以外の皇族の方々には、どのような公務があるのでしょう。

皇族の方々は、天皇のような「国事行為」はありませんが、「公務」はあります。

たとえば皇太子同妃両殿下の場合、宮中の儀式や行事に参列しますし、海外から賓客が来たときには、一緒に昼食や夕食を召し上がります。一部の宮中祭祀では、天皇皇后両陛下に続いて、お二人で一緒に拝礼します。

こうした活動以外にも、献血運動推進全国大会、全国高等学校総合体育大会、国民文化祭、全国育樹祭、全国障害者スポーツ大会など、国内で開かれる各種式典や国際的・全国的な種々の大会・行事に臨席するのも大事な公務となっています。

また、天皇皇后両陛下が、外国をご訪問されるときなどには、天皇陛下から国事行為の委任を受け、皇太子殿下が代わりに行います。

秋篠宮家も、宮中の儀式や行事に参列するほか、海フェスタ、全国高等学校総合文化祭、福岡アジア文化賞授賞式、国民体育大会など、多くの大会、行事に臨席しています。

「全身全霊」で務めを果たす

さて、二〇一六年八月八日に発表された「象徴としてのお務めについての天皇陛下のおことば」の中で、天皇陛下は次のように語っておられます。

「即位以来、私は国事行為を行うと共に、日本国憲法下で象徴と位置づけられた天皇の望ましい在り方を、日々模索しつつ過ごして来ました。伝統の継承者として、これを守り続ける責任に深く思いを致し、更に日々新たになる日本と世界の中にあって、日本の皇室が、いかに伝統を現代に生かし、いきいきとして社会に内在し、人々の期待に応えていくかを考えつつ、今日に至っています。

そのような中、何年か前のことになりますが、二度の外科手術を受け、加えて高齢による体力の低下を覚えるようになった頃から、これから先、従来のように重い務めを果たすことが困難になった場合、どのように身を処していくことが、国にとり、国民にとり、また、私のあとを歩む皇族にとり良いことであるかにつき、考えるようになりました。既に八〇を越え、幸いに健康であるとは申せ、次第に進む身体の衰えを考慮する時、これまでのように、全身全霊をもって象徴の務めを果たしていくことが、難しくなるのではないかと案じています」

国事行為だけでなく、国会の開会式や被災地のお見舞い、春と秋の園遊会、宮中晩餐、外国訪問、全国規模の式典への出席といった公的行

ビデオメッセージ
「象徴としてのお務めについての天皇陛下のおことば」より

2016年8月8日　ⓒ宮内庁

ります。

為に加えて、年間三〇回以上に及ぶ宮中祭祀をするためには、大変な気力と体力が必要となります。

そして、「全身全霊をもって象徴の務めを果たしていくことが、難しくなるのではないかと案じています」とおっしゃっているように、これまでは「全身全霊」でこれらのお務めを果たされてきたということでもあります。

今回の「象徴としてのお務めについての天皇陛下のおことば」は、私たち国民が、天皇陛下のお務めにはどのようなものがあるのかを、あらためて考えるきっかけになったのです。

第五章
生前退位と
皇室の未来

天皇陛下はなぜ、退位のご意向を表明されたのか。

退位後の皇室はどうなっていくのか、皇位を安定的に継承するためにはどのようにしたらよいのか、一緒に考えていきましょう。

天皇陛下の「おことば」を受けて

二〇一六年八月八日、天皇陛下はビデオメッセージを通じて、私たちに向けて「おことば」を表明されました。その言葉を聞いたとき、みなさんはどんな感想を持ったでしょうか。当時の世論調査を見てみると、およそ八〜九割の国民が天皇の生前退位を認める結果となっています。では、政府は陛下の「おことば」をどのように受け止めていたでしょうか。「おことば」が表明された当日、安倍晋三首相は次のようにコメントしました。

――「本日、天皇陛下よりお言葉がありました。私としては天皇陛下が国民に向けてご発言されたということを重く受け止めております。天皇陛下のご公務のあり方などについ――

ては、天皇陛下のご年齢やご公務の負担の現状に鑑みるとき、天皇陛下のご心労に思いを致し、どのようなことができるのか、しっかりと考えていかなければいけないと思っています」

安倍首相は、生前退位を認めるとも認めないとも言っていません。どのようなことができるかをしっかりと考えなければいけない、と言っています。

なぜかというと、生前退位は、現在の皇室典範で決められているルールに触れるものだからです。皇室典範第四条には、こうあります。

第四条　天皇が崩じたときは、皇嗣が、直ちに即位する。

ここでいう「皇嗣」とは、皇位継承の順番が一位の方のことです。ですから、平成の間は皇太子さまが皇嗣です。

この条文では、皇位の継承は、天皇が崩御《ほうぎょ》したときに行われると定められています。逆にいうと、天皇は、ご存命の間は退位することができません。つまり、生前退位というケースを皇室典範は想定していません。だから政府としても、すぐに生前退位を認めることはできないわけです。

陛下ご自身も、そのことはよくわかっておられます。だから、「天皇という立場上、現行の皇室制度に具体的に触れることは控えながら、私が個人として、これまでに考えて来たことを話したいと思います」と、非常に慎重な言い方をなさっています。

第一章でも説明したように、天皇は国の政治にかかわる力を持っていません。憲法第四条にも、天皇は「国政に関する権能を有しない」と定められています。

このことを陛下もよくわかっていらっしゃるからこそ、「現行の皇室制度に具体的に触れることは控えながら」と語られている。つまり、「法改正をしてほしい」といった、直接政治にかかわるようなことはおっしゃらないわけです。

安倍首相は、そういったことも忖度《そんたく》しなければなりません。仮に「おことば」を受けて、政府がすぐに法律を変えて生前退位を認めてしまうと、天皇陛下の「おことば」に政治的な力を持たせることになってしまう。それでは、憲法に触れることはしたくないという陛下のご本意を裏切ることになります。「どのようなことができるのか、しっかりと考えていかなければいけない」という安倍首相のコメントには、そのような背景もあるのです。

なぜ退位のご意向を表明されたのか

それではなぜ、陛下は退位のご意向を表明されたのでしょうか。「おことば」を読みながら考えていきましょう。ビデオメッセージでは、このようにおっしゃっています。

「何年か前のことになりますが、二度の外科手術を受け、加えて高齢による体力の低下を覚えるようになった頃から、これから先、従来のように重い務めを果たすことが困難になった場合、どのように身を処していくことが、国にとり、国民にとり、また、私のあとを歩む皇族にとり良いことであるかにつき、考えるようになりました。既に八〇を越え、幸いに健康であるとは申せ、次第に進む身体の衰えを考慮する時、これまでのように、全身全霊をもって象徴の務めを果たしていくことが、難しくなるのではないかと案じています」

　陛下は、二〇一二年二月に心臓の冠動脈バイパス手術を、二〇〇三年一月には前立腺ガンの手術を受けられています。こうした手術と高齢が重なって、身体の衰えが感じられるようになった。それでは「全身全霊をもって象徴の務めを果たしていくことが、難しくなる」とおっしゃっています。

「象徴の務め」については、すでに第四章で説明しました。天皇のお務めは、私たちが漠然と思っている以上に、大変な負担がかかるものです。そのお務めを果たすことが難しくなる。これが、生前退位をお考えになった大きな理由であることがわかります。

質問を想定した上での陛下の「おことば」

陛下は「おことば」の後半部分で、二つの質問を想定されながら、ご自分の考えをおっしゃっているように思えます。

一つ目は、ご公務の負担をお減らしになればいいのではないか、という想定質問です。それに対しては、「天皇の高齢化に伴う対処の仕方が、国事行為や、その象徴としての行為を限りなく縮小していくことには、無理があろうと思われます」とおっしゃっています。

すでに「おことば」を表明される以前にも、ご公務やお務めの見直しは行われていました。「おことば」の約三カ月前にも、宮内庁は「当面のご公務について」を発表し、さまざまなご公務を見直しています。

しかし陛下ご自身は、天皇としてのお務めと「象徴」であることは切り離せるものではない、とお考えになっています。ですから、お務めを限りなく縮小していくことは、無理があるだろうとおっしゃっているわけです。

二つ目の想定質問は、摂政《せっしょう》を設置すればいいのではないか、というものです。それに対しては、次のように語られています。

「また、天皇が未成年であったり、重病などによりその機能を果たし得なくなった場合には、天皇の行為を代行する摂政を置くことも考えられます。しかし、この場合も、天皇が十分にその立場に求められる務めを果たせぬまま、生涯の終わりに至るまで天皇であり続けることに変わりはありません」

前半部分では、憲法や皇室典範での規定についてお話しになっています。皇室の歴史を振り返れば、摂政が置かれた例は珍しくありません。大正天皇が体調を崩されたときにも、後の昭和天皇になる皇太子が摂政をして、天皇の務めを代行していました。

しかし天皇陛下は、摂政を置くことに否定的です。ここからも、陛下の「象徴としての天皇」についてのお考えがよくわかります。「象徴なのだから、いらっしゃるだけで尊いのだ」ということではなく、常に国民と共にあり、国民のために祈るというお務めを果たして初めて「象徴としての天皇」といえるのだとお考えになっているのでしょう。

昭和天皇の崩御時、世の中に与えた影響

こうしたお考えに続けて、陛下は、高齢になった天皇が与える影響についてもさまざまな懸念を示されています。その部分を読んでみましょう。

「天皇が健康を損ない、深刻な状態に立ち至った場合、これまでにも見られたように、社会が停滞し、国民の暮らしにも様々な影響が及ぶことが懸念されます。更にこれまでの皇室のしきたりとして、天皇の終焉に当たっては、重い殯《もがり》の行事が連日ほぼ二ケ月にわたって続き、その後喪儀《そうぎ》に関連する行事が、一年間続きます。その様々な行事と、新時代に関わる諸行事が同時に進行することから、行事に関わる人々、とりわけ

残される家族は、非常に厳しい状況下に置かれざるを得ません。こうした事態を避けることは出来ないものだろうかとの思いが、胸に去来することもあります」

おそらく陛下は、昭和天皇の崩御を踏まえておられるのでしょう。昭和天皇の容態悪化が伝えられた一九八八年の秋頃から、テレビの娯楽番組や日本各地でお祭り、祝宴が相次いで中止となりました。日本中が「自粛ムード」に包まれたのです。こうした自粛ムードが長引けば、経済活動にも大きな影響を及ぼしかねないことを、陛下は懸念しておられるわけです。

さらに、昭和天皇の崩御に伴って行われる儀式や行事が、およそ一年にわたって続き、その数は主たるものだけで六〇件にものぼりました。それと同時に、新しい天皇としてお務めを果たしていかなければならないわけです。

昭和天皇の大喪の礼

1989年2月24日　ⓒAFP＝時事

天皇の葬儀にかかるご負担を一番わかっていらっしゃるのは陛下ご自身でしょう。だから、自分はそういう負担をかけたくない。そのためも、生前に退位することが望ましいとお考えになっているのだと思います。

退位を一代限りにする特例法か、皇室典範改正か

この「おことば」を受けて、政府は二〇一六年十月に「天皇の公務の負担軽減等に関する有識者会議」を設置し、陛下の退位に関するさまざまな問題について議論しました。

中でも、大きな議論の焦点になったのは、退位を一代限りにするか、恒久的な制度にするかという問題です。つまり、今の天皇陛下だけに退位を認めるのか、それとも今後の天皇も、退位したいという気持ちを持っていれば退位できるようにするべきなのか、が議論になっていったわけです。

なぜ、これが大事な議論なのでしょうか。それは、どちらの考えをとるかによって、法律の変え方が違ってくるからです。

退位を一代限りで認める場合は、「特例法」の制定で対応することになります。特例法とは、現在の法律で対応できないような新しい状況や緊急事態が生じたときに、特別につくる法律のことです。特例法は一時的な対応ですから、従来の法律そのものを変える必要はありません。

一方、天皇の生前退位を恒久的な制度にするのであれば、皇室典範を改正しなければなりません。

あなただったら、どちらが望ましいと思いますか？

どちらの考えにも長所と短所があります。

特例法は、今回だけに限る法律ですから、議論しなければいけないことはおのずと絞り込まれます。ですから、すばやく対応することができます。

ただし、次の天皇が生前退位を希望されても、特例法は適用できません。また、新しく議論をしなければなりません。

では、皇室典範を改正して、生前退位を恒久的に認めるルールをつくるほうがいいだろう、と思うかもしれません。しかし、その場合は議論すべき問題がたくさん出てくるのです。

たとえば、無条件に生前退位を認めていいのか、それとも何らかの条件を満たしたときに限って、生前退位を認めるのか。その場合、どういう条件とするのか。このように決めなければいけない問題が次々と出てきますから、議論にも時間がかかります。

有識者会議は、二〇一六年十月から会合を重ねて、二〇一七年四月に「最終報告」という文書を発表しました。「最終報告」では、特例法の制定と皇室典範の改正のどちらが望ましいかという判断まではしていません。どちらの意見も併記した「論点整理」というかたちでとりまとめています。

最終的に結論を出したのは国会です。「最終報告」を参考にして国会が議論をし、その結果、二〇一七年六月に「天皇の退位等に関する皇室典範特例法」が成立しました。つまり国会は、今の天皇陛下だけに限って生前退位を認める特例法とすることに合意したということになります。

特例法の三つのポイントを読んでみましょう

あなたは、この特例法を実際に読んだことがありますか。特例法の第一条では、なぜこの特例法をつくったのか、という理由が説明されています。少し長いですが、大事な部分なので文言を変えずに少し整理して引用しましょう。

この法律は、

(1) 天皇陛下が、昭和六十四年一月七日の御即位以来二十八年を超える長期にわたり、国事行為のほか、全国各地への御訪問、被災地のお見舞いをはじめとする象徴としての公的な御活動に精励してこられた中、八十三歳と御高齢になられ、今後これらの御

活動を天皇として自ら続けられることが困難となることを深く案じておられること、
(2) これに対し、国民は、御高齢に至るまでこれらの御活動に精励されている天皇陛下を深く敬愛し、この天皇陛下のお気持ちを理解し、これに共感していること、
(3) さらに、皇嗣である皇太子殿下は、五十七歳となられ、これまで国事行為の臨時代行等の御公務に長期にわたり精勤されておられること
という現下の状況に鑑み、皇室典範(昭和二十二年法律第三号)第四条の規定の特例として、天皇陛下の退位及び皇嗣の即位を実現するとともに、天皇陛下の退位後の地位その他の退位に伴い必要となる事項を定めるものとする(第一条)。

三つのポイントを挙げていますね。一点目は、高齢になられた天皇陛下が、これからの活動を続けることが困難になると案じられていること。陛下が「おことば」で表明したことがここに入っています。

二点目に、国民はそういう陛下のお気持ちを理解し、共感していることが挙げられています。つまり、陛下が退位なさりたいとおっしゃったから、この法律をつくったのではなく、陛下の心配する気持ちを国民が汲み取って法律にした、ということです。

そして三点目は、皇太子さまが、長期にわたってご公務に精勤されてきたこと。だから、陛下が生前退位しても、皇位の継承には支障はありません、ということを示しています。

これら三つの状況があるから、今回は特別に陛下の退位は実現できるということを、この条文では説明しているわけです。

退位後の呼称は「上皇」に

この特例法では、退位した後の天皇を「上皇《じょうこう》」と呼ぶことも決まりました。敬称をつけると「上皇陛下」です。

実は有識者会議では、この呼び名についても議論がありました。上皇という呼び名は、歴史的に使われてきたものです。天皇が生前に退位して上皇になることは、明治以前ではごく当たり前のことでした。

ただ、日本の歴史の中では、上皇が天皇よりも上位の立場になって、政治的な権力をふるったケースが数多くあったので、上皇という呼び名は望ましくないのではないかという意見も出ました。

そこで「前天皇」や「元天皇」という代案も出ましたが、どちらも「天皇」という言葉が入っているため、「天皇」と「前天皇」と、権威のある人物が二人いるかのようなイメージを与えかねません。

そこで最終的には、歴史的に使われてきたことを踏まえて、上皇と呼ぶことになったのです。それに伴って、天皇が退位した後の天皇の后は「上皇后《じょうこうごう》」と呼ぶことになりました。現在の皇后陛下は、陛下が退位したあとは上皇后陛下になるということです。

元号の制定基準とは

さあ、特例法が成立し、その後、具体的な退位の日程は二〇一九年四月三十日に決まりました。ということは、二〇一九年の五月一日から新しい元号に変わることになります。

そもそも元号とは、紀元前一一五年頃、漢の武帝の時代に中国で始まった年の数え方です。それが朝鮮半島を経て、日本まで伝えられました。中国大陸ではすでに元号はなくなってしまったのですが、日本はその伝統を守り続けてきました。

日本で使っている元号も、使っている言葉は中国の古典に由来するのです。

たとえば、「明治」は「明に嚮《むか》ひて治む」（政治が明るい方向に治まる）という『易経《えききょう》』（古代中国の書。占いの理論と方法が書かれている）の一節にちなんでいます。「大正」も同じく『易経』

で、「大いに亨《とほ》りて以て正しきは、天の道なり」（民の意見を聞き入れ、政治が正しく行われる）。「昭和」は『書経』で「百姓昭明《ひやくせいしようめい》にして、萬邦《ばんぽう》を協和《きようわ》す」。世界の人々がみな平和に暮らせますように、という意味です。

そして「平成」は『史記』の「内平かに外成る」と、『書経』の「地平かに天成る」の二つが由来となっています。国内も世界も平和になるように、ということですね。

元号のルールについては、第三章で説明しました（一〇二ページ）。明治以前は、一人の天皇の代で、何度も元号を変えることがありました。けれども明治になって、天皇一代の間に元号は一つのみ使用するという「一世一元の制」が定められました。戦後、一度は一世一元の制はなくなりましたが、一九七九年に元号法が制定され、一世一元の制が再び制度化されることになったわけです。

一九七九年に元号法が制定されたとき、その制定基準が以下のように示されました。

ア　国民の理想としてふさわしいよい意味を持つものであること。
イ　漢字二字であること。
ウ　書きやすいこと。

エ　読みやすいこと。
オ　これまでの元号や諡《おくりな》として用いられたものでないこと。
カ　俗用されているものではないこと。

オには、これまでの元号と同じ言葉ではいけないとありますが、これは中国で使われた元号も含まれます。また、「諡」というのは、天皇や皇后などが崩御したあとに贈られる称号のことです。

この六つの基準に加えて、ルールにはなっていませんが、もう一つ大事な基準があると言われています。それは、アルファベットにしたときに、明治以降の元号とは頭文字が同じにならないようにすることです。お役所の書類などでは、元号が「M・T・S・H」とアルファベットの頭文字で簡略化されていることがあります。この四つと同じになるとまぎらわしいので、次の元号をアルファベットにしたときの頭文字は、「M・T・S・H」以外になるのではないか、と推測できるわけです。

では、元号は誰が考え、どういうプロセスで決まるのでしょうか。この点も、元号の制定基準と共に発表されています。

まず内閣総理大臣が、中国の古典に詳しい有識者や研究者数人に、候補名を考えてもらうように依頼をします。それらを先ほどの基準と照らし合わせて絞り込み、最終的には閣議で議論をして決定することになっています。

「平成」が決まった過程も、この流れに従っています。昭和の時代にすでに、「平成」「正化《せいか》」「修文《しゅうぶん》」という三案まで絞り込まれていました。天皇が崩御された当日に、有識者の懇談会が開かれ、そこで「平成」が支持され、その後、内閣の全閣僚会議で正式に「平成」に決定しました。

ちなみに、前の三案をアルファベットにすると、「正化」「修文」はどちらも頭文字がSですね。これでは昭和のSと重なってしまう。それで「平成」に決まったと考えられています。ただ、うがった見方をすると、内閣は、明らかに最初から「平成」にするつもりでいた。だから有識者の懇談会でもすぐに結論が出るように、Sで始まる「正化」と「修文」を候補に入れたのではないか、とも考えられています。

皇位継承者が途絶える可能性

「おことば」の表明から特例法が成立する過程では、「皇室の将来」ということも、大きな論点になりました。実は「天皇の退位等に関する皇室典範特例法」には、新しい天皇が即位されたら、安定的な皇位継承をするための検討をすぐに始めなさい、という「附帯決議《ふたいけつぎ》」というものが盛り込まれています。その文章を見てみましょう。

〈政府は、安定的な皇位継承を確保するための諸課題、女性宮家の創設等について、皇族方の御年齢からしても先延ばしすることはできない重要な課題であることに鑑み、本法施行後速やかに、皇族方の御事情等を踏まえ、全体として整合性が取れるよう検

討を行い、その結果を、速やかに国会に報告すること〉

ここで言われている「皇位継承を確保するための諸課題」とはどういうことでしょうか。二〇一九年五月一日に、現在の皇太子さまが新しい天皇に即位された後、皇位の敬称順位は、一位が秋篠宮さま、二位が秋篠宮さまのご長男である悠仁さま。三位は天皇陛下の弟である常陸宮さまです。つまり、二〇一九年五月一日以降、皇位継承権のある皇族は三人だけということになります。

すでに説明したように、皇室典範では、男系の男子が皇位を継承すると定められています。男系の男子とは、父方が天皇の血を引く男子のことです。ですから、愛子さまや眞子さま、佳子さまは男系の女子ということになり、皇位継承権はありません。

また、愛子さま、眞子さま、佳子さまが将来、ご出産されて、男の子が生まれた場合は、女系の男子ということになるので皇位継承権はありませんし、そもそも現在の規定ではご結婚されれば、皇室から離脱することになります。

そうなると、今後、皇位継承権を持つ可能性があるのは、悠仁さまがご結婚をされて、男の子をもうけた場合に限られてしまいます。逆にいえば、悠仁さまとそのお妃から男の子が生まれなければ、誰も皇位を継承することができなくなってしまうのです。

このままでは、皇位を継承する人物がいなくなってしまうかもしれない。これが、附帯決議でいわれている「皇位継承を確保するための諸課題」ということです。

「女性宮家の創設」という対策案

では、皇位を安定的に継承するためには、どうすればいいでしょうか。

有力な対応策の一つが、「附帯決議」にある「女性宮家の創設」です。第二章で説明したように、現在の皇室典範では、秋篠宮さまや常陸宮さまのように、宮家になるのは男系男子に限られます（六〇ページ）。

この法規定を改正して、男系女子でも宮家となって、皇族に残れるようにする。そして、まずは男系の女性天皇を認めるように皇室典範を改正すれば、愛子さま、眞子さま、佳子さまも、皇位継承権を持つことになります。

歴史的には、推古天皇をはじめ、八人の女性天皇がいるのですから、女性天皇が誕生すること自体は伝統に反するものではありません。

最近の世論調査でも、七～八割が女性天皇に賛成しています。安倍首相は、以前から女性宮家の創設には反対しており、男系男子の継承にこだわっていますが、国民感情としては、女性天皇に賛成を示す割合のほうが圧倒的に高いのです。

ただ、「男系女子」の皇位継承を認めたとしても、愛子さま、眞子さま、佳子さまのお子さまは女系になるため、皇位継承権はありません。ですから、皇位継承権を持つ方は増えるけれど、将来的には、悠仁さまがご結婚されて男の子をもうけなければ、皇位は途絶えてしまいます。

そうなった場合には、今度は「女系」の天皇を認めるかどうか、という議論をしなければならないでしょう。しかし歴史的には、女系天皇の例は見られませんから、女性天皇を認めるかどうかという問題よりも、議論は難しくなりそうです。

「女性宮家」が創設されれば、
愛子さまにも皇位継承権が与えられる

2018年2月23日　ⓒ宮内庁

これからの天皇と皇室はどうなる？

ただ、これまで議論がなかったわけではありません。たとえば、二〇〇五年の小泉内閣の時代に「皇室典範に関する有識者会議」が設置され、安定的で望ましい皇位継承のための方策について検討されました。その報告書では、「今後における皇位継承資格については、女子や女系の皇族に拡大することが適当である」とまで書かれています。

この会議が行われた当時は、まだ悠仁さまがお生まれになっていません。つまり、皇太子さまと秋篠宮さま、常陸宮さまの三人だけしか皇位を継承することができない状況でした。ですから、今以上に皇位継承が続くのかということに対して、危機感があったのでしょう。

しかし、報告書が出てからしばらくして、紀子さまのご懐妊がわかりました。二〇〇六年九月六日に、男系男子である悠仁さまが誕生されました。そのために、有識者会議の提案を受けた法案の提出も見送られることになったのです。

さらに二〇一一年、民主党の野田佳彦内閣の下では、女性宮家の創設が真剣に検討されました。そこでは、女性天皇や女系天皇の容認ではなく、皇族減少の対策という点が議論の中心でした。

両陛下以外の皇族も、さまざまなご公務をなさっています。でも、皇族が減ってしまうと、これまで続けてこられたご公務を取りやめるということにもなってしまいます。そこで、女性宮家を創設して、皇族の減少にブレーキをかけ、安定的に皇室のご公務を続けることができるようにしようというのが、野田内閣の考えていたことでした。

しかし、これも法案にはまとまりませんでした。大きな論点として、女性宮家を創設するとしても、その範囲を内親王までにするか、女王までを含むかという議論がありました。また、そのいずれであっても、将来的に宮家は増えていくことになります。その場合の財政的な問題も考えなければなりません。

こうした問題に結論が出ないまま、そのあとを引き継いだ安倍内閣は、女性宮家の創設には反対の立場をとっているので、議論が深まることもなかったのです。

こうした「女性天皇、女系天皇の容認」やその延長上に想定される「女性宮家の創設」以外では、「男系男子」であることを優先させて、旧宮家の皇籍復帰を唱える論者もいます。

しかし、旧宮家は戦後皇籍から離脱していますから、あらためて皇籍に復帰することは、現実的には難しいのではないでしょうか。世論調査でも、旧宮家の皇籍復帰に対しては、七割前後が反対しています。女性天皇とは違って、国民感情としても、認めがたいのが現実です。


ここで再び、日本国憲法に戻ってみましょう。

第一条には、天皇の地位は「主権の存する日本国民の総意に基く」とあり、第二条には「皇位は、世襲のもの」とあります。

この二点に着目すれば、私たち国民の総意に基づくのであれば、皇室典範を改正して、女性天皇や女系天皇を認めることは、憲法上、何ら問題はありません。

天皇陛下の「おことば」は、退位のご意向を表明するだけのものではありません。「おことば」は次のように結ばれています。

〈始めにも述べましたように、憲法の下《もと》、天皇は国政に関する権能を有しません。そうした中で、このたび我が国の長い天皇の歴史を改めて振り返りつつ、これからも皇室がどのような時にも国民と共にあり、相たずさえてこの国の未来を築いていけるよう、そして象徴天皇の務めが常に途切れることなく、安定的に続いていくことをひとえに念じ、ここに私の気持ちをお話しいたしました。

国民の理解を得られることを、切に願っています〉

このように、天皇陛下は「象徴天皇の務め」が安定的に続いていくことを強く願っておられます。私たちもまた、そのお気持ちを受け止め、これからの天皇のあり方、皇室のあり方をしっかり考えなければならないのです。

天皇家の執事が語る皇室の素顔

――対談・元侍従長 渡邉允

宮内庁には、天皇や皇后を支える「侍従職」という部局があります。今回縁あって、そのトップである侍従長を十年半も務めた渡邉允さんと対談をする機会を持ちました。

渡邉さんは、天皇陛下や皇后陛下の「側近」。皇室の方以外では、両陛下の普段のお姿やお人柄をもっともよく知っている人といっていいでしょう。対談では、渡邉さんだからこそ語れるさまざまなエピソードや秘話をたっぷりと聞くことができました。

渡邉允　**わたなべ・まこと**

1936年、東京都に生まれる。
東京大学法学部卒業後、1959年外務省に入省。
駐ヨルダン大使、中近東アフリカ局長、
儀典長などを歴任。1995年に宮内庁に入庁。
式部官長を経て1996年から2007年まで侍従長。
曾祖父は第5代宮内大臣の渡邉千秋氏。
父は昭和天皇とご学友であった渡邉昭氏。

本対談は、2017年4月9日にBSフジで放送された
『池上彰×元侍従長　渡邉允～天皇家の執事が語る皇室の素顔』
の内容を元に再構成したものです。

皇后さまと二人で努力なさって人生を歩んでこられた

侍従長の仕事とは？

池上　渡邉さんは、一九九六年から二〇〇七年まで、十年半にわたって、侍従長として天皇陛下と皇后陛下に仕えていらっしゃったわけですよね。そもそも侍従長というのは、どういう仕事なんでしょうか。

渡邉　それがなかなか簡単には説明できないんですけれども、いわゆる秘書室長や秘書官長のようなものだとイメージしていただいたらいいと思うんです。

宮内庁には、長官官房、侍従職、東宮職、式部職など、いろんな部署があり、それぞれ担当が異なります。その中で、侍従職は、いわば両陛下の側に立って、行事の日程やその細かい次第をつくっていくことが大きな仕事になります。

池上　ということは、たとえば宮内庁から、天皇陛下や皇后陛下にこういうところにお出ましを願いたいという希望があれば、侍従職あるいは侍従長が両陛下の意を呈する形で交渉することになるんですか。

渡邉　まあ、同じ役所の仲間ですから、交渉するというよりは「相談する」というほうが正確だと思いますけどね。

両陛下の意を呈するというよりは、こうであったほうがいいのではないかと、そのご意向を忖度しながら相談するような感じです。というのは、両陛下とも一々「こうしてほしい、ああしてほしい」とおっしゃるような方ではありませんから。

池上　実際は、なかなか難しいと思うんです。やっぱり両陛下のご性格を知らないと、忖度もできませんよね。

渡邉　それはそうだと思います。ご性格の問題もありますし、それから、今まで同じようなことがあった場合にどうしたか、どういうご希望があったかということも、ある程度知っておかないといけません。

池上　侍従長になりますと、普段の生活は大きく変わりますか。

渡邉　仕事の時間に関して言うと、大体、出勤時間が朝の九時頃です。それから、陛下が誰かをご夕餐にお招きになっているとか、あるいは国賓の晩餐会があるときは別ですけど、そうでなければ、ご夕餐が始まる前で、侍従長のその日の仕事は一応終わります。

そういう意味では、一般的な役人に比べると、仕事の終わりは早いんです。役人は、夜中までごちゃごちゃ忙しいんですよね。

池上　渡邉さん自身には、プライベートな生活で身を処さなければいけないというプレッシャーがありませんでしたか。たとえば、赤信号で横断歩道を渡るわけにいかないとか、立ち小便するわけにいかないとか（笑）。

渡邉　そういうプレッシャーはあまりなかったけれど、年中、侍従さんや式部官長など、宮内庁の誰かから相談ごとの電話がかかってくるんですね。夜の食事の時間にもかかってきます。そういうことがあるので、お酒は好きですけど、意識不明になるほど飲むことは控えていました。

池上　それじゃ、お酒もおいしくないんじゃないですか。

渡邉　いや、そんなことはないです（笑）。

池上　渡邉さんも侍従長という立場になってから、両陛下と一緒にさまざまな場所を訪れるようになったんじゃないですか。

渡邉　ええ。陛下が公に行かれるところには、原則として侍従長もついていきますからね。両陛下にご一緒したことは非常に多いです。大相撲なんかにも行きましたね。

池上　侍従長を務めた十年間は、外務省時代（一九五九〜一九九五年）とは働き方も訪問するところもまったく違う感じでしょうね。

渡邉　うん、それはもう。外務省のあいだは外国にいることが多いし、日本にいるときも、国内でどこかに行くという仕事はあまりありませんから。国内で遠出するとしたら、せいぜい休暇を取って行く程度です。だから、本当に日本国内のことは知らなかった。

そうやって考えてみると、侍従長になってあっという間に、それまでの外務省何十年か以上に国内をずっと旅行したと思いましたね。

ただね、陛下の場合は、地方を訪問されても、いわゆる名所旧跡には一切いらっしゃらないんです。たとえば仙台に行ったといっても、結局仙台のホテルに泊まられ、目的とする場所だけを訪問されるのが普通です。私もそれに付き添っているので、仙台に行っても、仙台がいったいどんな町なのかはわからないわけですよ。

池上　なるほど。全国津々浦々をめぐるけれども、ピンポイントのご訪問が多いから、町中の観光はできないんですね。それはもったいない。

渡邉　だから、むしろ最近になってね、仙台はきれいな町らしいから、いっぺん行ってみようかなとか、そんなことを思ったりしています。

素顔の天皇皇后両陛下

池上　渡邉さんは陛下の普段の生活もよくご存じなんですよね。

渡邉　たとえば、どういうことに関心がおありですか。

池上　「皇室だから、けっこう贅沢な生活しているのかなぁ」と想像する人もいるだろうし、「意外と質素なのかな」と思っている人もいそうです。そのあたりは、いかがでしょう。

渡邉　陛下の書斎に行くと机があって、そのひきだしには、古い書類の紙がいっぱい入っているんです。つまり、パソコンや手書きで原稿を書かれるときには、古い書類の裏紙を使っておられるんですね。それを見たときは、少し驚きました。

あとは、背広やコートなどに関して、まわりの人が「そろそろ新しいものになさったらどうですか」と言っても、「まだいい」とおっしゃってね。

池上　贅沢という感じはしませんね。

渡邉　ええ。先日、ある学者の方から聞いたエピソードなんですが、陛下の何かのお祝いのときに、学者さんたちが新しい顕微鏡を献上しようと思ったそうです。そのことを陛下にお話しになったところ、ありがたいけれど、今の顕微鏡で用は足りているから結構です、とお答えになったと話していました。私がおそばにいた印象も、すべてそんな具合でしたね。

池上　お食事の好みというのはいかがでしょうか。

渡邉　まず、両陛下とも、お酒はほとんどお飲みになりません。ちょっと口をつける程度です。食べ物も特別に、あれが食べたい、これが食べたいということはありません。御所にいらっしゃるときは、宮内庁の大膳《だいぜん》の人たちが作ってお出しするものを、そのまま召し上がっていらっしゃいます。

池上　大膳というのは、陛下の料理番の方ですね。宮内庁の中に大膳課という部署がありますす。

渡邉　そうそう。ただ、地方を訪れるときは、その土地の物を食べたいとおっしゃいますね。

池上　出された食事は完食するんでしょうか。

渡邉　両陛下はわりに小食なんです。でも、地方や外国へいらしたりするとき、万一残されたりすると、まずかったんじゃないかとかお口に合わなかったんじゃないかと心配する人がいるから、出された食事は必ず全部食べようとなさるんです。だから、われわれが先遣隊で行くと、なるべく少量にしてほしいということをお願いするようにしています。

天皇陛下の自動車運転

池上　天皇陛下はご自分で車を運転されることはあるんでしょうか。

渡邉　はい。以前は軽井沢や那須の公道も運転なさっていたようですが、今は皇居の中でしかされませんね。一九九一年製造の国産の中型車を大事にお使いになっています。走行距離からいったらそんなに走っていないかもしれませんが。

池上　皇后陛下を助手席に乗せて運転する場合もあるわけですか。

渡邉　ありますね。ただ、お一人の場合もお二人の場合も、皇宮警察の側衛さんや侍従も一緒に乗ります。みんなで乗って陛下の運転で行くわけです。

池上　二人だけの空間ということにはならないんですね。それは、少し窮屈な気もします。

免許証はどうされているんですか。

渡邉　非常に真面目《まじめ》でいらっしゃるから、運転免許証は必ず持っておられます。二〇〇七年は免許更新の年で、七十歳以上の高齢者は運転免許を更新する際、あらためて視力や反応能力のテストを受けますよね。陛下もその手続きをされました。

池上　それはどういうふうに？　まさか、教習所に行かれたりはしませんよね。

渡邉　ええ。警視庁から、ゲームセンターにあるような運転席の形をした機械を御所に持ち込んでもらったんです。実地試験は東御苑の地面に目印を立ててお受けになりました。

免許証については、陛下らしいエピソードがあります。元侍従の一人から聞いた話ですが、皇太子の時代に那須の御用邸にいらしたある夏の日、陛下がご自分で運転してどこかに行ってくる、とおっしゃった。そこで警察に連絡して、先導してもらうようにしたんですね。準備が整ったあと、陛下はご自分で車に乗られて、門から出ていかれたんですが、少し行ったところで急に陛下が車から降り、走って御用邸に戻ろうとなさる。お見送りをしていた侍従が、何事かと思ってお尋ねすると、「免許証を忘れてきたので、取ってくる」と。

池上　免許証を忘れたなら、その車でまた門の中まで戻ればいいように思うんですが、気づいた段階で、これは違反になるからと考えて止めた、ということでしょうね。

渡邉　ああ、車で引き返すという発想は私はなかったけれど、そもそも警察が先導するわけだから、誰も車を止めて、「あなた、免許証を持っていますか」と言う人はいないですよね。

池上　確かに。それも真面目な人柄を感じさせるエピソードですね。

両陛下のお買い物事情

池上　両陛下が買い物に行きたいという場合は、どうされるんですか。ご本人が買い物に行くわけにいきませんよね。

渡邉　おそらく、内舎人《うどねり》なり女官《にょかん》なりにお頼みになって、その人たちが買ってくるということになると思います。でも、何が欲しいということをそもそもあまり言われないんですね。

池上　何かを買う場合であっても、自分でお金を使わない生活というのは、なかなか想像しがたいものがあります。

渡邉　しばらく前になりますけれども、こういうことがありました。

警視総監が毎年一回、天皇陛下のところへご進講に来て、お膝元の東京都の治安状況を説明するんですね。ちょうどある年のご進講があった時期に、ＡＴＭ（現金自動預払機）を壊して、現金をそこからそのまま盗んでいく事件が頻発していたことがありました。

ご進講の中で、警視総監が「最近、実は大変苦労している事件があって」と言って、その事件の説明をしました。写真などもお目にかけて一所懸命やったんです。ただ、私はその様子を見ながら、ふと、天皇陛下はＡＴＭをご覧になったことはあるのかなと思っていました。

池上　確かに。

渡邉　もちろんそんなことはおっしゃらないで、「うんうん」と聞いていらっしゃいましたが。

池上　実際にお使いになったことはないでしょうね。天皇陛下や皇后陛下の個人の預金通帳なんてあるんですか。

渡邉　いやあ、預金通帳はないんじゃないですかね。お金はすべて国の予算から出ているわけですからね。だから、必要なものは宮内庁からお出しするということになります。

池上　天皇陛下がお怒りになることはあるんですか。

渡邉　いやあ、あんまりないですね。穏やかな方ですから。もしそれに近いことがあるとすれば、嘘をついた場合とかごまかした場合ですね。そういうことは快くお受けになりません。

それから、人が間違えた場合、それをやっぱり許すというのが天皇の歴史なんじゃないかと思います。陛下は皇太子時代に、「忠恕《ちゅうじょ》」という言葉が好きだとおっしゃったことがあります。

たとえば、ずいぶん前の話になりますけど、武道館で行われる全国戦没者追悼式に出席されたときに、ちょっとしたトラブルがありました。御休所《ごきゅうしょ》から出て、両陛下やわれわれがエレベーターに乗ろうとしたんですが、なぜか陛下が一人乗られたところで、エレベーターが閉まっちゃったんです。

池上　渡邉さんとしては、ドキドキしますね。

渡邉　そうなんです。そのエレベーターは、どこの階にいるかが表示されないんですね。だから、ドアが閉まったきり、陛下がどこにおられるかもわからない。みんな、オロオロしましてね。そうしたら、皇后陛下が「われわれは階段で下りましょう。十二時に間に合わないといけないから」とおっしゃって。そうこうしているうちに、スーッとドアが開いて、そこに陛下が立っていらしたんですが。

池上　なんと(笑)。

渡邉　事の次第は、特別にエレベーターを操作するためにやってきた厚生省の課長さんが操作を間違えたということでした。普段、エレベーターの操作なんてやったことのない人ですから、ガチガチに緊張して間違えてしまったそうです。

そういうことがありましたから、式が終わって帰るときに、長官と私と二人で、「今日は申し訳ございませんでした」と申し上げに行きましたら、陛下は「いや、それはいい」と。「今日、エレベーターを操作していた人を罰しないでほしい」ということを言われたんです。こういうふうに、陛下にしろ、皇后陛下にしろ、「この人を叱らないでね」とおっしゃることはときどきありますね。

結婚によって開かれた窓

池上　両陛下が結婚されたのは、一九五九年ですね。軽井沢のテニスコートでの出会いから結婚に至るまで、さまざまな報道があり、当時は、「ミッチーブーム」という言葉が生まれるほど、大変な社会現象にもなりました。渡邉さんは、皇后陛下をどのようにご覧になっていましたか。

渡邉　いろいろな才能に恵まれた方だと思います。ピアノをお弾きになりますが、一流の音楽家の人たちと一緒に演奏なさるほどの腕前です。

それと同時に、皇后陛下もお忙しい日々を過ごしておられます。天皇陛下のお仕事にご一緒される場合も多いし、皇后陛下ご自身のお仕事もある。それ以外に、妻として母としての仕事があるわけですよね。

池上　ずっと天皇陛下を支えてこられたわけですからね。

渡邉　そのお力はもう大変なものだったと思うんです。

陛下が、ご成婚五十年にあたっての記者会見でこうおっしゃっています。

「皇后は結婚以来、常に私の立場と務めを重んじ、また私生活においては、昭和天皇を始め、私の家族を大切にしつつ私に寄り添ってきてくれたことをうれしく思っています。（中略）私ども二人は育った環境も違い、特に私は家庭生活をしてこなかったので、皇后の立場を十分に思いやることができず、加えて大勢の職員と共にする生活には戸惑うことも多かったと思います。しかし、何事も静かに受け入れ、私が皇太子として、また天皇として務めを果たしていく上に、大きな支えとなってくれました」

両陛下の日々の生活を拝見してきた私も、陛下が率直なお気持ちをお話しになっていることがよくわかりました。

さらに陛下は、この記者会見で「語らひを重ねゆきつつ気がつきぬ　われのこころに開きたる窓」という歌を引用されたんですね。これはお二人が婚約（内定）されたあとに、陛下が詠まれた歌です。

池上 一緒に語り合っているうちに、自分の心に窓が開いたことに気がついた、という内容ですね。つまり、美智子様と出会い、いろいろと話をする中で、自分の心の窓が開いていったということですよね。

渡邉 そうです。この歌をご成婚五十年のときに引用されながら、「結婚によって開かれた窓から私は多くのものを吸収し、今日の自分をつくっていったことを感じます。結婚五〇年を本当に感謝の気持ちで迎えます」とお答えになりながら、声を詰まらせる場面があったんです。

池上 五十年の歩みを振り返って、感極まったお気持ちになられた。

渡邉 でも、そんな陛下を見るのは初めてのことでしたので、どうして声を詰まらせられたんだろうと思ったんです。

これは私の想像になりますが、陛下は小さいときから、非常に孤独な環境で育ってこられたと思うんですね。ご自分でもそのことを意識しておられます。実際、陛下のご教育、ご相談相手にあたられた小泉信三氏が書かれた『小泉信三エッセイ選1 善を行うに勇なれ』（慶應義塾大学出版会）によると、独身時代に、陛下は「自分は生れからも、環境からも、世間の事情に迂《うと》く、人に対する思いやりの足りない心配がある。どうしても人情に通じて、そういう深い思いやりのある人に助けてもらわなければならぬ」と言われたことがあったそうです。

陛下は、ご自分にそういう面があることを自覚されて、そこから抜け出したいと願ってこられた。そういう中で、皇后さまに巡り会われて心の窓が開き、その窓を通じて、二人で努力なさって人生を歩んでこられた。そのことに対する万感の思いが湧き上がってこられたのだと思います。だから、皇后さまと結婚されたことを本当に幸せなことだと実感していらっしゃるのでしょう。

努力賞と感謝状

渡邉　ご成婚に関することでいえば、陛下が「柳行李《やなぎごうり》一つで来てほしい」とプロポーズされたという話が広まったことがありました。

池上　はい、ありましたね。行李《こうり》というのは今でいうスーツケースですね。スーツケース一つで、あとは何も要らないよと。

渡邉　私が侍従長になった頃も、そういう話がちらほら聞こえました。私はそれを聞いたとき、いい話だなと思ったんです。

池上　皇后陛下を思う気持ちが強いことを表していますよね。

渡邉　そうなんです。でもね、この話が出るたびに、陛下は「自分はそんなことは言っていない」と本気で否定なさるんです。

池上　そうなんですか。

渡邉　ええ。しかもかなり頑強に否定なさるんですね。

池上　本当におっしゃったんだと思っていましたけど。

渡邉　私たちも、そう思っていました。そうしたら、とうとう二〇〇一年の天皇誕生日に際しての記者会見で、「私が『柳行李一つで』と皇后に結婚を申し込んだと今も言われていますが、このようなことは私は一言も口にしませんでした」と強調されたんですね。

池上　しかも、これは、質問されていないことにお答えになるという、陛下としてはとても珍しいケースで、プライバシーに関する誤った報道を正すことがいかに難しいかということの例として、「おかしな例ですが」と前置きした上でおっしゃっているんです。

池上　そこまで強く否定したかったわけですか。実際は流言の類《たぐい》だったと。

渡邉　はい。真相は、陛下のお友達の一人が「世の中ではこういうふうに言うんだよ」と陛下に言ったので、その人は陛下が実際にそうおっしゃったと思ってしまい、みんなに言いふらしたという話だったんですけどね。

池上　そうだったんですか。

渡邉　ええ。ただ、陛下は嘘やごまかしがお嫌いだということは先ほども言いましたが、そこまで強く否定されるのは、事実と違うかということだけではなくて、もっと深い理由がおありなんじゃないかと私は考えるようになったんです。

池上　渡邉さんは、どういうふうに考えられたんですか。

渡邉　おそらく陛下としては、自分は「柳行李一つで来てほしい」なんてできもしないような、いい加減なことを言ってプロポーズしたのではなく、もっと真剣にこの結婚に取り

御結婚時、御儀服にて

1959年4月10日　ⓒ宮内庁

組んでいたんだ、ということをおっしゃりたいのだろうと。

池上　なるほど。

渡邉　だから、「好きだから来てほしい」というような簡単な話ではないんですね。ご成婚当時、東宮侍従長をしていた黒木従達《つぐさだ》さんが、ご結婚のあとで皇太子妃殿下から伺ったことを書いた文章があるんです（「感慨深いご成婚のころ」『皇太子同妃両殿下ご結婚20年記念写真集』〈時事通信社〉に収録）。

それによると、ご婚約に至る過程で、陛下から何度も長いお電話があったそうです。殿下はその中で、自分は皇太子だから、どんなときも皇太子としての義務が最優先であり、私事はそれに次ぐものとはっきりおっしゃったといいます。

黒木さんは、「この皇太子としてのお心の定まりようこそが最後に妃殿下をお動かししたものであったことはほぼ間違いない」と書いています。当時、お二方とも二十代半ばだったことを考えると、本当に大変なことだったと思うんです。

池上　たとえば、皇后陛下のお誕生日に、天皇陛下が何かプレゼントをしたりとか、誕生祝いをしたりとか、そういうことはあるんでしょうか。

渡邉　何かなさっているようですけど、それはもうプライベートなことだから、侍従長の関与するところじゃないんですね。ただ、それで思い出すのは、まだ皇太子の時代ですが、ご成婚二十五周年、つまり銀婚式の会見で、確か「互いに何点差し上げられますか」という質問に、陛下は「点をつけるのは難しいけれど、努力賞を」とおっしゃった。そのあとに、皇后陛下が「差し上げるとしたら感謝状を」とおっしゃったんです。

池上　うまい（笑）。

渡邉　うまい、うまい（笑）。努力賞というのは、一般的には、まだもう一つだけど、まあ努力したことに対して賞をあげるということでしょう？

池上　ええ。

渡邉　だけど、陛下の場合は多分、努力するというのは一番価値の高いことなんじゃないかと思うんです。あのときの努力賞というのは、そういう意味だったんでしょう。

ご成婚25年の銀婚式を迎えられ、笑顔で記者会見される皇太子ご夫妻

1984年4月6日　ⓒ宮内庁

どうすれば象徴天皇としての務めを果たせるのか

象徴としての天皇

池上　今上天皇は、日本国憲法の下で即位された初めての天皇ですよね。私は、即位の礼のときに、天皇陛下が「日本国憲法にもとづき」っておっしゃったのを見て、驚きました。驚くという言い方は変なんですけど、「あ、そうなんだ」と。言われてみれば確かにそうなんですけど、天皇陛下がそういう思いをお持ちなのかと、ちょっとびっくりしたんですね。

渡邉　日本国憲法では、「天皇は、日本国の象徴であり日本国民統合の象徴であつて、この地位は、主権の存する日本国民の総意に基く」と書かれていますよね。

それから、「天皇は、この憲法の定める国事に関する行為のみを行ひ、国政に関する権能を有しない」とも定められています。

陛下は、自分が天皇の務めを果たしていくにあたって、そういうところをきちっと踏まえていかなければならないというお気持ちは非常にお強いんだと思います。

池上 「象徴としての天皇」とはどういうことなんだろうかと、常にお考えになってきたということですね。

渡邉 ええ。象徴としての天皇の務めがどのようなものかというのは、本当の意味でお手本がないわけですよね。昭和天皇（在位一九二六～一九八九年。第一二四代天皇）は、戦後は象徴天皇としておられましたけれども、その前は、統治権の総攬者としての天皇という立場におられた。まったくまっさらなところで象徴としての天皇に即位されるのとはまったく状況が違います。

だから池上さんがおっしゃるように、陛下は、どうすれば象徴天皇としての務めを果たせるかということを考えながら毎日やってこられた。しかも、ただお考えになるだけではどうしようもないので、日々、何をするかということが重要になります。

池上 毎日のお務めやふるまいに、象徴であることを問われるというわけですね。

渡邉　そうだと思います。だとすれば、これまでのお務めの集積が、陛下にとっての象徴天皇になるということだと思うんです。

池上　陛下が侍従長に、天皇のあり方について相談されるようなことはあるんでしょうか。

渡邉　いや、そういうことはありませんでした。ご自分でお考えになることだと思っていらっしゃるだろうし、一つ一つの具体的なふるまいで示されていくことでしょうから。つまり、陛下にとっての「象徴」は、「渡邉、あれは象徴だろうか」と指を指して尋ねるようなものじゃないわけですよね。

池上　はい。

渡邉　だから、何かをもしわれわれにお聞きになるとすれば、たとえばある外国の国賓が来て、晩餐会で「お言葉」をおっしゃるようなときです。その案が外務省から来て、われわれも少し手直しをする。それを陛下がご覧になって、ご自分で手を入れられる。何かそこで外交的に、あるいは政治的に、若干微妙かなと思われるようなことをおっしゃりたいときには、必ず「これでよいか確認してほしい」とおっしゃるので。

池上　国賓が来たときに、天皇陛下が話される「お言葉」は誰が書いているんだろうとよく思うわけですが、今おっしゃったように、まずは外務省が原案を作って、それを侍従長が見て、陛下も手を入れられる。そして、それをそのまま読み上げられることもあれば、ここは微妙だからこれでいいかどうかもう一度チェックしてくれとおっしゃるときもある、ということなんでしょうか。

渡邉 いや、陛下がご自分で手をお入れになったら、微妙であれ、微妙でないにしても、必ず「侍従長、これをちょっとみんなで見てほしい」とおっしゃいます。それを宮内庁の中で拝見して、場合によっては外務省なり内閣なりに相談するというかたちでやっています。そこは非常に慎重でいらっしゃるから、ご自分の独断でなさることはないですね。

池上 常にご自分のお立場を考えているということなんですね。

天皇陛下の多忙なご公務

池上 一般の国民は、天皇陛下が普段どのような仕事をしていらっしゃるのか、あまり知る機会がないんですが、率直に言ってかなりご多忙ではないかと思うんです。

渡邉 分刻みでバタバタするという意味ではお忙しいとは必ずしも思いませんけれども、年中仕事がずっと続くわけですよね。だから、月曜日から金曜日まで働いて、土日は休むとか、農繁期に働いて農閑期は休むとか、そういう休みのリズムはないんです。だから、大変だろうと思います。われわれお供する側も、特に初めの頃はだいぶくたびれます。

池上　テレビで両陛下のことを取り上げるのは、たいがいどこかへお出かけになったり、催し物を見学されたりするようなときですが、それ以外にも非常に多くの仕事をされているわけですよね。

年間二万人以上の人に会って、拝謁やご会釈などをする。国の重要な書類に目を通し、署名・押印される。それから、お祈りやさまざまな儀式も重要な仕事です。

渡邉　そうなんです。皇居の中にある宮中三殿（賢所、皇霊殿、神殿）でお祈りをされる。これは年に三〇回ぐらいあります。昔ながらの装束に着替えられて、笏《しゃく》を持たれて、お祈りをされる。これも大変なお仕事です。

それから、憲法で定められている国事行為というお仕事があります。毎週火曜日と金曜日の午後に、その午前中にあった閣議で決められた書類が宮内庁に届けられ、陛下がそれに署名をされたり、判を押されたりするわけです。陛下は慎重な方だから、時間をかけて取り組まれます。

池上　これは、みなさんに意外に知られていないことですね。火曜日と金曜日に閣議がある。

閣議後、記者会見があったりしますけど、その書類が回ってくるわけですね。天皇はそれを、「はい、わかりましたよ」と、機械的に判を押すわけじゃない。全部丁寧にお読みになった上で判を押されるということですね。

昭和天皇のご名代として

池上 皇太子の時代には、かなり多くの国々を昭和天皇のご名代《みょうだい》として訪問されました。これはどのような意味合いを持つものなのでしょうか。

渡邉 これは少し説明が必要ですね。日本は昭和三十年代から、さまざまな国賓を招くことになったんですが、当時は外国から元首を国賓として迎えた場合、次には受け入れた国の元首が、その国を答礼として訪問するのが慣例となっていたんです。

けれども、当時は天皇陛下が外国を旅行されることは考えられていなかったので、皇太子殿下が、昭和天皇のご名代として、答礼訪問をなさることになったんですね。その後、法律（国事行為の臨時代行に関する法律）で、天皇陛下が外国に出られる場合には、その留守中、皇太子殿下が国事行為を臨時に代行できるようになりました。

ただ、昭和天皇、香淳皇后《こうじゅん》（一九〇三〜二〇〇〇年。昭和天皇の皇后）が外国をご訪問になったのは、一九七一年のご訪欧と一九七五年のご訪米だけで、あとは、お二人が高齢になられたこともあって、皇太子殿下のご名代としてのご訪問が続いたというわけです。

池上　ということは、当時は、天皇のご名代として外国を訪れる場合と、皇太子殿下として訪れる場合の二種類があったということですね。

渡邉　そうなんです。実は私が初めて両陛下にお仕えしたのは、一九八七年、皇太子、皇太子妃として米国を訪問されたときでした。当時、私は外務省で北米局の審議官をしていましたので、このご訪問を担当することになったんです。

そういえば、皇太子時代の最後のこのご訪問をアメリカ側で担当したセルワ・ルーズベルトさんという米国の女性儀典長が回顧録『KEEPER OF THE GATE』（SIMON & SCHUSTER 刊）で「両殿下はレセプションなどで表面的な挨拶ではなく本物の会話をなさっていました」と書いたことがありましたね。

お二人はレセプションでも、通り一遍の挨拶ではなく、本気になって相手に質問をされるんです。そして相手の返答にも、じっくりと耳を傾けておられる。そういう場面は幾度となく目にしました。

池上 それは、なかなかできないことですね。

渡邉 こういうこともありました。毎年、春と秋の二回、赤坂御苑で、園遊会というものがあるんです。

池上 いろいろな分野の功労者が招かれる会ですね。

渡邉 そうです。園遊会にはだいたい二〇〇〇人ぐらいが配偶者と一緒にお招きを受けます。両陛下は、午後二時頃から一時間半ほどかけて御苑の中を回られますが、道筋には、すき間なく人が並んで、ご挨拶をするわけです。招待客は、みなさん肩書きと氏名を書いた名札を胸に付けて並んでいます。

これは私が式部官長をしていたときのことですが、陛下から、この名札がもう少し見やすいものにならないだろうかというお話があったんです。確かに見てみると、一つには字が小さい。それで字の大きさや並び方を変えたことがありました。

池上 それは単に、読みづらいから変えてほしいということだったんですか。

渡邉 私もそのときは深い理由がわからなかったのですが、侍従長になって、陛下の後ろに従って歩くようになってわかりました。

陛下は、みんなとなるべく目を合わせたいというお気持ちがおありなんですよね。だから、招待客の顔を見て会釈を返されるときに一瞬、すっと名札をご覧になる。そこで、最近自然災害のあった県の人であれば、「大変でしたね」「その後、復興状況はどうですか」とお尋ねになったり、沖縄県の人であれば「その後沖縄はどうですか」と声をかけたりなさる。だから、単に読みづらいということではなく、できるだけ心のこもった会話をなさりたいというお気持ちの表れだったのです。

ただ、そうやってお話をされると、だんだん時間がなくなってくるのですが（笑）。だから結局ね、だんだん遅くなるんです（笑）。

池上　予定をだいたいオーバーしますよね。

渡邉　そうそう。最近は、それを見込んでスケジュールをつくっているみたいな感じでね（笑）。

ハゼ研究の世界的権威

池上　天皇陛下といえば、ハゼの研究をされていることはよく知られています。文系か理系かで分けると、理系ということになるんでしょうか。

渡邉　そういうふうに分けるとすれば、陛下は理系ですね。皇后さまは明らかに文系ですが。

池上　ハゼの研究というのは、どういうことをなさっているんでしょうか。

渡邉　陛下が最初にお書きになった論文は、「ハゼ科魚類の肩胛骨について」というものでした。一九六三年に発表されたものです。

池上　その論文名だけで、研究にご熱心なことが伝わってきます。

渡邉　その後に、「続ハゼ科魚類の肩胛骨について」という論文も発表されています。

池上　続編もおありなんですか！

渡邉　この二つの論文合わせて、一五〇種類のハゼの肩胛骨をお調べになり、骨の形によってハゼの分類を検討するということをなさったんですね。それからもずっと熱心に研究を続けられ、ハゼの分野では世界的な権威になられたと思います。

陛下は自分からひけらかすようなことはなさいませんが、ハゼの分類に関するかぎり、陛下ほど知っていらっしゃる人は世界中で誰もいないんじゃないですかね。

池上　ハゼにそれほどお詳しいということは、生き物全般もお好きなんでしょうね。皇居の中にも、自然の生き物がたくさんいますし。

渡邉　ええ。那須に御用邸がありますね。あそこは非常に広いところでした。こんな広いところを全部使うわけじゃないから、みんなが来られるようにしたらどうかと、陛下は前から言っておられましてね。それで今は、陛下のご提案をもとに御用邸の北のほうが自然公園のようになって、誰でも行けるようになっているんです。自然をみんなと分かち合いたいというお気持ちが強いんですね。

池上　あと、皇居乾《いぬい》通りの桜を見てもらおうと公開しましたよね。

渡邉　それと、吹上《ふきあげ》御苑の自然観察会。ああいうことは全部、陛下ご自身の発意でなさってることが非常に多いんです。

皇居の動植物も、本当によくご存じですね。吹上御苑全体がご趣味みたいなものでね。

池上　はい。

渡邉　木であれ、草花であれ、あそこにある植物で、陛下の目が届いていないものはないんじゃないかと思われるぐらい、ご自分でいつも見ておられます。

一般公開されている東御苑についても、陛下のお考えで植えられた植物などがいくつもあります。あの場所で、陛下は果樹古品種園をお作りになりました。

果物は、改良されると、古い品種はすたれてしまうんです。生物学者として種の保存に関心を持っておられる陛下は、江戸時代のすっぱい品種の果物を植えて、果樹園を作られた。

ナシ、モモ、リンゴなど、合計二二品種、四四本の古い品種の果樹が植えられています。

それから、東御苑の植物には日本語の和名と科名に加えて、外国人にもわかるようにとラテン語の学名も一緒に入っている名札がつけられています。これも陛下の発案です。

片隅で頑張っている人を「忘れない」というお考えがある

被災地へのご訪問

池上　平成という時代になって、やはり印象に残るのは、被災地へのご訪問です。

渡邉　確かに昭和天皇に比べて、被災地にお見舞いに行かれることは増えたと思います。それは、昭和の時代は平成と比べると、大災害が少なかったことも関係しているかもしれません。

池上　平成という時代は、この三十年の間に非常に大きな地震が二つも起きました。それ以外に、雲仙普賢岳の噴火もありましたね。私たちに強く印象に残っているのは、陛下が雲仙普賢岳の避難所にお見舞いに行かれたときに、床に膝をついて被災者と話されている姿です。今まで天皇がそのような姿勢になられることはありませんでした。あれは、天皇陛下が無意識のうちになさったことなんでしょうか。

渡邉　まあ、そうでしょう。当時の映像を見ると、最初は立って話しておられるけど、だんだん体が低くなってきて、そのうちまさに膝をついて、目と目の合う形で話をされるようになったんです。それはご自分で考えてその場でなさったんでしょう。同時に、そのお姿には、天皇と国民の関係のあり方についての、陛下の思想みたいなものが表れていると思います。

言うまでもないことですけど、明治憲法の下での天皇は、統治権の総攬者ですね。一方、今の憲法の下での天皇は、先ほども申し上げ

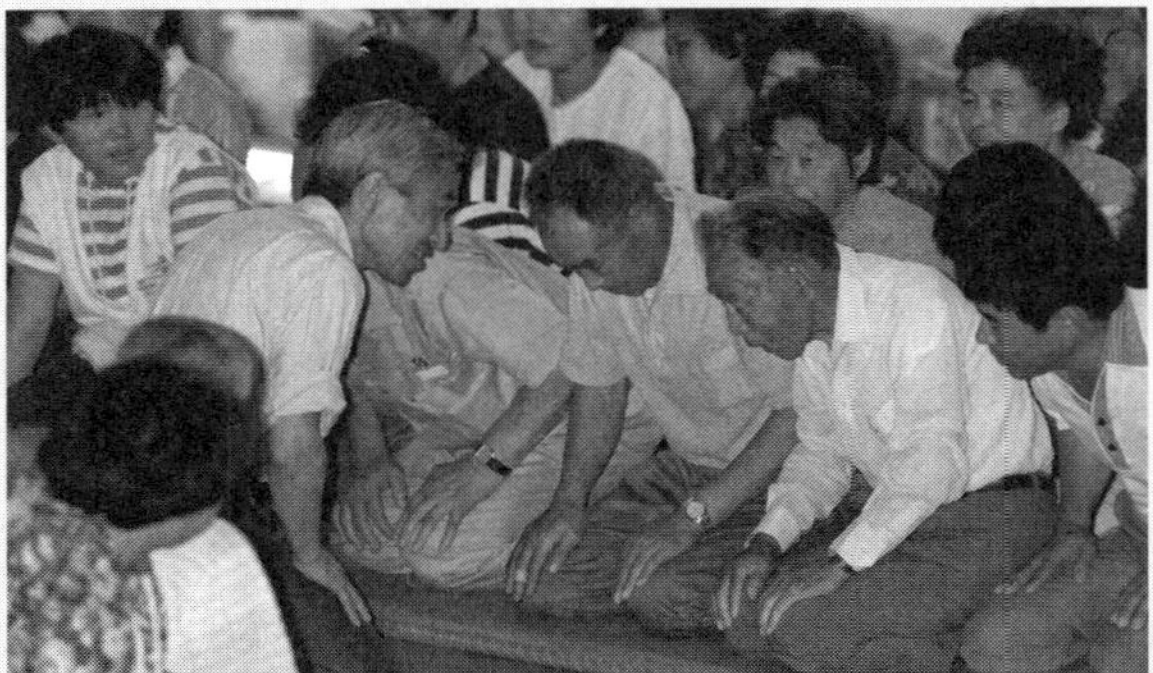

避難している住民と
膝を交えて被災の様子をお聞きになる天皇陛下
（長崎・高来群布津町の布津中学校）

1991年7月10日　ⓒ時事

たように、国や国民統合の象徴であると同時に、その地位は主権の存する国民の総意に基づくと書いてあるわけです。

そして、陛下の場合の国民とは、一億二千万の全体であると同時に、その一人一人のことでもあります。だから、災害のお見舞いにいらした時だけじゃなくて、国民と対されるあらゆる場面で、一人一人を大事にされるということがあると思うんです。

昔流の天皇観に立つ人からすると、それは不公平じゃないかと思われるかもしれません。陛下にたまたま直接会えた人はいいけど、会えなかった人のほうが圧倒的に多いわけですから。

池上 ああ、なるほど。えこひいきのように受け取ってしまうんですね。

渡邉 はい。でも、戦前の考え方に立ったって、昭和天皇なら昭和天皇と直接お目にかかった人とそうでない人といるわけですしね。それからいずれにせよ、一億二千万人、国民全部に一人一人お会いになることはできないことだから、そういうことを言ってもしょうがないと思うんですけどね。

池上 陛下には、災害があったときには現場に行きたいというお気持ちが強くあるように感じるのですが。

渡邉　そうだと思います。大きな災害があれば、必ず現場に行こうとされますからね。二〇一六年八月八日のおことばの中で、天皇の務めというのは、「何よりもまず国民の安寧と幸せを祈ること」だとおっしゃった。それから同時にもう一つ、「時として人々の傍らに立ち、その声に耳を傾け、思いに寄り添うこと」が大切だとおっしゃっています。

人々の思いに心を寄せる。被災地のお見舞いにいらっしゃるとき、当然、避難所に行かれて、避難している被災者と話をされて、慰めたり励ましたりされる。それと同時に、両陛下は必ず警察、消防、自衛隊の代表に会って、慰労しておられる。私が気がついたのは、そのときに、普通だったら「ご苦労さま」と言うだろうと思うんですよね。ところが両陛下は「ありがとう」っておっしゃるんですよね。

池上　ああ、なるほど。

渡邉　それでね、私は、なぜ「ありがとう」とおっしゃるんだろうかと思っていたんですが、東日本大震災が起きた二〇一一年の皇后陛下のお誕生日に際しての記者会からの文書の質問の中で、皇后さまに、大震災をどのように受け止められたのかという質問がありました。

それに対して、皇后さまは文書の中で「こうした不条理は決してたやすく受け止められるものではなく、当初は、ともすれば希望を失い、無力感にとらわれがちになる自分と戦うところから始めねばなりませんでした」と回答されています。

あまりの不条理に絶望し、無力感に襲われる自分と戦わなければならなかった。これは考えてみると、まさに被災者が感じることですよね。

池上　はい、その通りですね。

渡邉　だから本当にもう、両陛下は被災者と同じようなお気持ちになっておられるんじゃないかと思うんですよ。だから、消防の人に「ありがとう」とおっしゃる。

要するに第三者として「ご苦労さま」と言うんじゃなくて、いわば自分も当事者の一人として、いろいろ助けてくれてありがとう、と。

池上　つまり被災者にしてみれば、警察や消防や自衛隊の人が来てくだされば、「ありがとう」って言いますよね。

渡邉　そうそう。私はそうじゃないかと思っているんです。

池上　つい私たちが取材に行って、そうやって頑張っていらっしゃる方がいると、「お疲れさまです」と言うんですけど、「お疲れさまです」って言い方は第三者的なんですね。

渡邉　そうですね。

池上　「ありがとう」と言わなきゃいけないんですね。

渡邉　もう一つ、不思議に思うことがあります。両陛下がお見舞いにいらして、被災者とお会いになる。そういう場合、被災者の人にあとから取材があって、陛下からどのような言葉をかけていただいたかを尋ねられることがありますね。そうするとね、「頑張れとおっしゃっていただきました」と、たくさんの人が言うんですね。だけど、両陛下は絶対、「頑張れ」ということはおっしゃらない。

池上　確かにそうですよね。「頑張れと言われました」と聞いて、ちょっと違和感があったんです。

渡邉　おそらく、両陛下と直接お話しした人たちは、自然に励まされた気持ちになって、それがああいう言葉になっているのかなと。

池上　天皇陛下や皇后陛下はそういうことはおっしゃらないけれど、結果的に、いろんなお言葉で励まされたから、本人の中では「頑張れ」というふうに翻訳されたんでしょうね。そして本人の中でも、頑張らなきゃいけないという気持ちが強くなったのかもしれません。

渡邉　そうなんだろうと思いますね。

池上　東日本大震災で思い出すのは、震災が起きてしばらくは、電力不足だというので、地域ごとに計画的に停電をしていました。あのとき、皇居はその対象になっていなかったのに、電気をお使いにならなかったと聞いたんですが。

渡邉　まさにそうでした。東日本大震災があったのは何曜日でしたかね。

池上　金曜日です。

渡邉　たしか、その次の月曜日ぐらいに、御所へ伺ったんです。そうしたら、真っ暗になっていて、ロウソクを立てて過ごしておられました。電気が消えている人たちがたくさんいるから、自分たちもそうするというお話でね。計画停電が始まったら、一定の時間帯は、電気を使わないようにされていた。

細かいことではあるけれども、やっぱり人々と苦楽を共にする、心に寄り添うとは、そういうことなんだろうと思いますね。

池上　同じ経験、同じ思いをしていたからこそ、被災者へのお言葉も変わってくるんでしょうね。

弱い人への思いやり

池上　そういう震災のときのふるまわれ方を見ると、陛下にしても皇后さまにしても、世の中で弱者とされている人に対する深い思いやりがあることを感じさせられます。

渡邉　その背景にもいろいろなことが考えられると思うんですが、一つは皇室の伝統というものもあるのでしょうね。

皇太子殿下が二〇一七年のお誕生日の記者会見で、歴代天皇を見ると、飢饉《ききん》があったり天災があったりしたときに、写経をして、それをお寺に納めるようなことをなさった天皇が何人もいると挙げておられた。たしか八人ぐらい挙げておられたと思います。

その中で、後奈良《ごなら》天皇（在位一五二六〜一五五七年。室町・戦国時代の第一〇五代天皇）の奥書にある「私は民の父母として、徳を行き渡らせることができず、心を痛めている」という言葉を紹介されました。天災や飢饉が起こって民が苦しむのは、自分の徳が足りないからだ。歴代の天皇は、そういう気持ちで人々を思いやっていたと。

それから陛下のような場合には、ちょっと語弊があるかもしれないけれど、元気な人は自分が心配しなくても元気でやっているだろうから、やっぱり、人よりもたいへんに苦しんだり、悲しんだりしている人に思いを向けようとなさるところはあると思います。

つらい境遇にある人、悲しい境遇にある人は、自分は世の中から忘れ去られているような感覚に陥りがちですよね。

池上　ええ。何か、世の中から置き去りにされているような孤独を感じることもあるでしょうね。

渡邉　社会の片隅で頑張っている、そういう人に対して、両陛下は「自分たちは忘れていません」と言ってあげたいというお考えがあるんだと思うんですよね。

池上　今上天皇は、先の戦争についても特別な思いを抱いていらっしゃるように思います。それは国内だけでなく、たとえばフィリピンに行かれたり、ペリリュー島に行かれたりするのを見ていますと、慰霊ということを非常に自覚的になさっているように感じるのですがどうでしょうか。

渡邉　それはまったくその通りだと思います。これは、私の勝手な思いですけれども、陛下にとって、この前の戦争の犠牲者の慰霊というのは、一生かけてのお仕事であって、天皇陛下としてのお務めの大きな中心をなすものとお考えになっているのではないでしょうか。

具体的には、一九九五年の戦後五十年という節目に、先の大戦で大きな戦禍を受けた長崎、広島、沖縄に行かれたほか、東京大空襲の犠牲者の霊が祀られている東京都慰霊堂を訪れられ、その前年には硫黄島に行かれました。慰霊のための訪問は平成になってから始められたことです。

池上　一連の訪問は、「慰霊の旅」と呼ばれるようにもなりました。その後、サイパンに慰霊に行かれたときに、日本人以外の犠牲者にも慰霊をされていらっしゃったことが強く印象に残っています。

渡邉　そうなんです。まず、政府の建立《こんりゅう》した中部太平洋戦没者の碑に拝礼をされたあと、朝鮮半島出身者の慰霊碑、沖縄県出身者の慰霊碑にも行かれ、さらに、日本人以外では、犠牲になった現地島民のための記念碑、米国軍人のための慰霊碑にも拝礼されました。

池上　サイパンへは、どういう経緯で行かれることになったのですか。

渡邉　戦後五十年の「慰霊の旅」が終わったあとに、いずれ南太平洋の島々を訪れて、戦没者の慰霊をしたいというお話が折に触れてあったんです。そのお話を受けて、宮内庁や外務省が現地調査に行きましたが、相手先が小さな島々の場合は、大きな負担をかけることにもなるので、あまり望ましくないということになった。陛下もご納得になりましたが、戦後六十年という節目でサイパン島だけでも行かれないものか、というお話があったんです。

池上　やはり陛下の強いご希望があって実現したことなんですね。

沖縄への特別な思い

池上 日本国内では、沖縄に何度も足を運ばれていらっしゃいます。

渡邉 実は私自身、若い頃に、仕事で沖縄にかかわったことがあるので、沖縄には特別な気持ちを持っていました。だから、陛下が沖縄に特別の関心を寄せていらっしゃることに対して、次元はまったく違うけれども、他人事ではないように感じられたんです。

池上 それはやはり先の戦争と関係していると。

渡邉 それももちろんおありでしょうが、さらにさかのぼって沖縄の困難な歴史に理由があるように思います。

沖縄は十五世紀以降、尚《しょう》王朝によって統一された琉球という独立の王国でしたが、十七世紀初めに、島津氏の治める薩摩が間接統治するようになりました。このことについて、陛下は、二〇〇三年の天皇誕生日の記者会見で「私にとっては沖縄の歴史をひもとくということは島津の血を受けている者として心の痛むことでした」とおっしゃっています。というのも、香淳皇后の母上、つまり陛下の母方の祖母上にあたる久邇宮《くにのみや》俔子《ちかこ》様が島津家のご出身だからです。

池上　ああ、なるほど。自分は沖縄を力で支配した島津の血を引いていると。初めて訪問されたのは、皇太子だったときですね。

渡邉　ええ。一九七五年に、沖縄国際海洋博覧会が沖縄本島で開催されたときですね。陛下は皇太子として名誉総裁に就任されたので、開会式に出席するためご訪問になりました。

池上　あのとき、「ひめゆりの塔」を訪れて、その途中で過激派の活動家から火炎瓶を投げつけられましたでしょう。あれは衝撃でした。

渡邉　その日の夕方に、両陛下が「談話」を出されたんです。両陛下は、過去に多くの苦難を経験してきた沖縄が、先の大戦で、日本では唯一、住民を巻き込む戦場と化し、幾多

沖縄戦犠牲者の氏名を刻んだ
「平和の礎《いしじ》」を視察される天皇、皇后両陛下
（沖縄・糸満市の摩文仁《まぶに》平和記念公園）

1995年8月2日　ⓒ時事

の悲惨な犠牲を払って今日に至ったことを忘れることはできないとされた上で、「払われた多くの尊い犠牲は、一時の行為や言葉によってあがなえるものではなく、人々が長い年月をかけて、これを記憶し、一人一人、深い内省の中にあって、この地に心を寄せ続けていくことをおいて考えられません」と述べていらっしゃいます。

これはその事件があったからということではなく、最初から予定されていたものだったようですが、ここには、沖縄の人々が払った犠牲を、長い年月をかけてもあがないたいという強い決意がにじみ出ているように思います。

池上　一九七五年におっしゃったことを、今に至るまでずっと実行され続けてきたんですね。陛下の沖縄に対する特別な思いが、島津にまでさかのぼるとは知りませんでした。

国民の幸せを祈り、全身全霊でここまでやってこられた

ご退位の真意

池上 最後に、天皇陛下の退位についてお話をお伺いしようと思うんですが、まずは、陛下のおことばをお聞きになって、どんな感想をお持ちになりましたか。

渡邉 一言で言うのは、非常に難しいですね。

池上 そもそも生前に退位したいという思いをお持ちだったことは、お気づきになっていらっしゃいましたか。

渡邉 私が侍従長の時代には、そういうお話は具体的にはなかったように思います。まだ当

時は、陛下もずいぶんお若かったし、元気でいらしたたし。どちらかといえば、われわれのほうがご負担の軽減ということで、ご無理をなさらないようにと申し上げては、「いや、まだ大丈夫だから、今までどおりやる」とおっしゃるようなことを繰り返していましたね。

だから、これはあくまで推測ということになってしまいますが、時期的にいえば、五、六年前あたりに、今回のようなことをお考えになり出したのではないでしょうか。私はもう辞めてましたから、具体的なことは知らないんです。

池上 以前から、ご公務の負担を少しでも軽減するという検討はされていたわけですね。

渡邉 それはもうずっと前からそうです。昭和天皇も、六十代ぐらいにおなりになったときから、少しずつ少しずつ、ご公務を減らされるようになっていきました。お祀《まつ》りも少なくなさいました。

だから、陛下がちょうどそういう年におなりになった頃、「陛下もそうなさったらどうでしょう」と申し上げましたけど、なかなかお減らしにならなかったですね。一つ一つのご公務を大事になさってましたから、そう簡単に、そういうお考えにはなられなかったのだと思います。

ただ、私が辞めたあとは、両陛下も少しずつご公務を減らされるようになったと思います。

私の後輩たちが、私より説得力があったからかもしれませんが。

池上 お辞めになったあとも当然、宮内庁の後輩たちとの交流もあるわけですね。陛下が退位のお気持ちをお持ちだということは、うすうす聞こえてきましたか。

渡邉 五～六年ぐらい前という時間帯でいえば、なんとなくそういうことはあったように思います。

池上 あ、そうですか。

渡邉 だから、実は今回のことは、陛下がお考えになってからずいぶん時間が経っているんですよね。というのは、今まで申し上げてきたことからもわかるように、陛下はある意味で非常に慎重だし、思いつきで事をなさる方ではありませんから。

裏からも表からも、右からも左からもいろんなことを慎重にお考えになった上で、その結果、こうしようということをお決めになったら、もう今度はそれは絶対にお変えにならない。そういうご性格でいらっしゃいます。

ですから、今回のことについても、何年も考え続けてこられたはずです。おそらく、一番最初にご相談になっていたとすれば、皇后さまじゃないかと思います。その後、当時の侍従長に話されて、徐々に宮内庁のみんなもかかわっていくようになったんじゃないですかね。

池上　陛下としては、日々体の衰えのようなものを感じることがおありになったということなんでしょうね。

渡邉　それは、いろいろおありだと思います。それから、心臓の手術をされましたでしょう？手術はうまくいったし、何も問題はないんですけど、陛下に限らず、手術を受けるという経験から自分の体のことを考えるようになることはありますよね。あるいは、歩くこと一つを取っても、動作がゆっくりになられましたから。それは誰しも年を重ねると、衰えは感じるものだと思います。

池上　渡邉さんは宮内庁参与というお立場でいらっしゃいますね。そうしますと、天皇陛下のおことばの前段階でいろいろ検討されているときに、「ちょっと見てほしい」というようなお話はあったんでしょうか。

渡邉　何というか、そのへんのプロセスは、私も全部関与しているわけではないし、余計なことを言うとミスリーディングになるといけませんから、あんまり詳しいお話はできませんが、それなりにいろいろご相談もありましたし、ある程度はかかわっていました。

池上　そういう中で何かアドバイスされたことってありますか。

渡邉　いやあ、まあ、ちょっと……。

池上　そこは言えないわけですね。事前にどんなおことばにするのかという検討が内部であったときに、途中段階のものはご覧になったこともあると。

渡邉　途中段階では、まあそうですね。でも最終のかたちに近いものは、私はあまり拝見した覚えはないんですね。

池上　このおことばは、やっぱり天皇陛下の強いお気持ちがあってつくられたと思いますが、原文は宮内庁のほうで起草したんでしょうか。それとも、最初から陛下がお書きになったんでしょうか。

渡邉　あれだけのものですから、それを陛下がお一人で初めから起草なさったとは思いません。宮内庁を始め、いろんな人ともちろんご相談になったことだろうし、皇后さまともご相談になっている可能性もあります。

池上　おことばを見ると、「憲法の下《もと》、天皇は国政に関する権能を有しません」など、憲法というものに非常に配慮して、気を遣っておことばを述べていらっしゃいます。

陛下としても、自分の気持ちはみんなにわかってほしい。でも、その言い方を間違えると憲法違反になりかねないんだというギリギリのところで、ずいぶん気をつけたおことばにされたんだなと思いました。

渡邉　ええ、そうだと思います。

池上　その後、世の中で、さあ、どうしようかといろいろ議論が起きました。国民の中で世論調査をすれば、そのお気持ちでなんとか認めて差し上げたいという気持ちがいっぱいある一方で、政治家は政治家でいろんな立場になってますよね。そういう世の中の動きは、どうご覧になっていらっしゃいますか。

渡邉　私は、陛下のお気持ちというのは、何もご自分がもうお疲れになって、もうくたびれたから辞めたいというお話ではまったくなくて、おことばにも出てくるように、将来に向かって象徴天皇が安定的に続くことを願っておっしゃったものだと考えています。

というのは、今後も高齢化が進めば、まず、高齢化した天皇は若いときに比べて、気力、体力からいっても、全身全霊で務めを果たすことができなくなってくる。そういう状態になれば、天皇としてきちんと国民のために尽くすことができる次の人に譲るべきだという、そういうお考えだと思います。

皇太子についても、今のままでは、皇太子が新たに即位したときに、高齢の天皇になってしまうわけで、それは望ましい象徴天皇のかたちではないということです。

ところで、大きな決断ということでいえば、火葬の問題というのがありましたでしょう。

池上　ありましたね。宮内庁が四百年ぶりに、土葬から火葬へ変えることを決めた。これも陛下のご意向が強くあったと聞いています。

渡邉　そうですね。そう考えると、結婚、象徴としてのお務め、ご退位、そして葬儀など、人生の節目節目で、陛下はいろいろなことを考え合わせた上で、陛下がお考えになる象徴天皇のあり方をお示しになってきたんじゃないかと思うんです。

池上　これをきっかけに、私たちみんなが日本の天皇のあり方を考え、議論するようになってほしいですよね。

渡邉　陛下ご自身も、そうであってほしいとお考えになっているのかもしれません。

池上　私たちはこれまで、天皇や皇室のことをあまり考えずにきましたから。

渡邉　はっきり言えばそうだと思うんですね。ただ、それはある意味でやむをえないことでもあるでしょう。年中、天皇のこと、あるいは皇室のことをみんなが議論することが望ましいかどうかというと、それはそれで問題でしょうし。今は少なくとも政府であれ、国会の関係の皆さんであれ、厳粛に議論をしたいという考えでやっている。そういうかたちが続くことが望ましいと思います。

ところで、池上さんは、今度の陛下のことについてはどういうふうにお考えになっていますか。

池上　「全身全霊をもって象徴の務めを果たしていくことが、難しくなるのではないかと案じています」ということばを見ると、天皇としての務めを果たし切れなくなってきたという、焦りのようなものをお持ちなのかなと感じました。本当に真面目だからこそ、こういうふうに思い詰めるのかなと思うんですね。

渡邉　それはそうですね。

池上　それこそ、摂政に任せればいいじゃないかとか、どんどん皇太子に仕事をある程度譲って、という道もないことはないわけですよね。それをそうじゃないんだと考えるのは、常に「全身全霊」ということを大事になさっているわけですね。

渡邉　しかもその全身全霊は、国民のためだということがポイントですよね。

池上　渡邉さんは正直、この退位についてはどうお考えですか。

渡邉　陛下は、天皇の務めというのは、国民の幸せと安寧を祈ることであり、国と国民のために尽くすことだということを、これまでも事あるごとにおっしゃってきました。そのために何をすればいいかということを絶えず模索しながら、まさに全身全霊でここまでやってこられた。

でもこれから先、全身全霊でどこまでやれるかは自信がないし、自分の問題だけじゃなく、高齢化の影響はこの先も考えられることだから、このままでは象徴天皇としてのお務めに支障が出てしまうかもしれない。だから、自分の口からは言えないけれども、譲位をすべきではないかとおっしゃりたいのだと思うんです。

その場合、摂政に任せると、天皇である人と、実践をする人が分かれてしまうわけですよね。それは、天皇が天皇として十分にお務めを果たせないことを意味しますから、採るべき道ではない。それから、負担を軽減していくという選択肢を認めたら、可能性としては何もしない天皇になってしまうことだって考えられるわけです。そういうふうに、非常にカチッと組み立てられて、これ以外の方法はないんじゃないかというのが、最終的に私の感じるところです。

池上 二〇一九年四月三十日に、陛下は退位されます。天皇という立場でなくなった、あるいは皇后という立場でなくなったお二人には、どのような暮らし、生活をしていただきたいとお思いですか。

渡邉 たっぷりと余裕を持って、なさりたいことをなさっていただくというのが一番望ましいことだと思うんですね。本当に末永く、お幸せにお二方で過ごしていただければと祈るばかりという感じですよ。

池上　お二人でご自由になさりたいことをなさっていただきたいということですね。どうも今日はありがとうございました。

おわりに

平成が終わる今だからこそ、

天皇について考える

平成の元号も三十一年四月三十日をもって終わります。平成は激動の時代でした。その前の昭和は戦争を挟んだことで日本が大きく変わりました。

こうした過去への思いが昭和の終わりの竹下登政権にあったのかどうか、平和を希求する意味のこもった元号として決まったのが平成でした。

平成は名称の通り日本が戦争に巻き込まれることはありませんでしたが、世界動乱の時代でした。東西冷戦が終結して世界平和への希望が生まれたのですが、すぐに湾岸戦争が勃発。

その後もアメリカ同時多発テロ、アフガニスタン戦争、イラク戦争と戦火は絶えませんでした。

さらに自称「イスラム国」（ＩＳ）の大規模なテロは世界を震撼させました。

日本周辺でも北朝鮮の核開発にミサイル発射実験、中国の海洋進出と、安穏《あんのん》とはしていられない時代でした。

日本国内に目を転じても、バブルが崩壊して長いデフレの時代に入りました。大地震や火山の噴火など天変地異も頻発。不安な日々が続きました。

それでも雲仙普賢岳の噴火の直後や阪神・淡路大震災の被災者のもとに足を運ばれる天皇皇后両陛下の姿は、どれだけ国民に心のやすらぎを与えたことか。

とりわけ東日本大震災のあまりの被害の大きさに人々が茫然としているとき、天皇はビデオメッセージを発表して国民に語りかけました。被災者はもちろん、私たちの多くが感動しました。

私は小学校の社会科で、天皇とは「国民統合の象徴」と習いました。しかし、「統合の象徴」とは何だろうかと疑問に思ったものです。

しかし今、「国民統合の象徴」の意味を、身をもって示されたのが天皇であることがわかります。

常に国民と共にいて、「統合の象徴」であろうとされてきた天皇には、人知れぬ苦悩がおありだったのだろうと、今にしてわかります。ご高齢となり、その務めが果たせないと考えるようになったことで、「退位」の文字が出てきました。

それでも陛下は平成三十年の今年六月、東日本大震災の被災地・福島県を再び訪問されました。美智子皇后は発熱をおして濃密なスケジュールをこなされました。

天皇陛下がご存命中に元号が変わるという、私たちが経験したことのないイベントが近づいています。今こそ「国民統合の象徴」とは何か、天皇と憲法とはどういう関係にあるべきか、私たちが考える時期に来ているのだと思います。

そのときに、宮内庁で天皇皇后両陛下のお側でお二人を見つめてこられた渡邉允氏へのインタビューを掲載できたことは、大きな喜びです。お二人の思いをより深く理解することができました。感謝しています。

この本を完成させるに当たっては、いつもながらのプロの手腕を発揮した斎藤哲也さんにお世話になりました。ＰＨＰ研究所の編集者・沼口裕美さんの熱意が後押ししました。感謝しています。

いつもは西暦で年号を表記しているのですが、この本の「おわりに」に限っては元号で。

平成三十年六月

ジャーナリスト・名城大学教授　池上彰

参考文献

『超訳 日本国憲法』池上彰著（新潮新書）

『池上彰の憲法入門』池上彰著（ちくまプリマー新書）

『そうだったのか！ 日本現代史』池上彰著（集英社文庫）

『マッカーサー大戦回顧録』ダグラス・マッカーサー著、津島一夫訳（中公文庫）

『詳説日本史研究』五味文彦、佐藤信、高杢利彦、鳥海靖編（山川出版社）

『旧皇族が語る天皇の日本史』竹田恒泰著（PHP新書）

『皇室ってなんだ!?』竹本正美著（扶桑社）

『ざっくりわかる日本史の授業』富増章成著（王様文庫）

『やりなおし高校日本史』野沢道生著（ちくま新書）

『皇后考』原武史著（講談社）

『元号』山本博文著（悟空出版）

『天皇125代と日本の歴史』山本博文著（光文社新書）

宮内庁ホームページ（http://www.kunaicho.go.jp/）

池上 彰

いけがみ・あきら

1950年、長野県に生まれる。ジャーナリスト、
名城大学教授、東京工業大学特命教授。慶應義塾大学卒業後、
1973年NHK入局。報道記者として、松江放送局、
呉通信部を経て東京の報道局社会部へ。1994年より11年間、
『週刊こどもニュース』でお父さん役を務め、わかりやすい解説が話題に。
2005年にNHKを退職し、フリーのジャーナリストとして活躍中。
著書に、『伝える力』『情報を活かす力』（以上、PHPビジネス新書）、
『知らないと恥をかく世界の大問題9』（角川新書）、
『知の越境法「質問力」を磨く』（光文社新書）、瀬戸内寂聴氏との共著に
『95歳まで生きるのは幸せですか？』（PHP新書）、佐藤優氏との共著に
『僕らが毎日やっている最強の読み方』（東洋経済新報社）など多数。

池上彰の「天皇とは何ですか？」

2018年8月1日　第1版第1刷発行

著　　者　池上 彰

発 行 者　後藤淳一
発 行 所　株式会社ＰＨＰ研究所
東京本部　〒135-8137　江東区豊洲5-6-52
第三制作部人生教養課　☎03-3520-9614（編集）
普及部　☎03-3520-9630（販売）
京都本部　〒601-8411　京都市南区西九条北ノ内町11
PHP INTERFACE　https://www.php.co.jp/

協　　力　フジテレビジョン／BSフジ
組　　版　株式会社ＰＨＰエディターズ・グループ
印 刷 所　株式会社精興社
製 本 所　株式会社大進堂

ISBN978-4-569-84073-4